LE ROMANCIER
ET SES
PERSONNAGES

AGORA

FRANÇOIS MAURIAC
de l'Académie Française

LE ROMANCIER ET SES PERSONNAGES

Préface de Danièle Sallenave

POCKET

La loi du 11 mars 1957 n'autorisant aux termes des alinéas 2 et 3 de l'article 41, d'une part, que les *copies ou reproductions strictement réservées à l'usage privé du copiste et non destinées à une utilisation collective,* et, d'autre part, que les analyses et les courtes citations dans un but d'exemple ou d'illustration, *toute représentation ou reproduction intégrale ou partielle, faite sans le consentement de l'auteur ou de ses ayants droit ou ayants cause,* est illicite (alinéa 1er de l'article 40). Cette représentation ou reproduction, par quelque procédé que ce soit, constituerait donc une contrefaçon sanctionnée par les articles 425 et suivants du Code pénal.

© Éditions Buchet/Chastel, 1990.
Pocket, pour la présente édition
ISBN : 2-266-03385-9

PRÉFACE

Le personnage ou : la vérité du roman

Si l'on veut comprendre ce qu'est le personnage de roman, quel est son rôle et sa fonction dans la littérature mais aussi dans notre vie, il faut éviter d'en faire l'enjeu d'un pur débat académique, théorique ou idéologique : c'est à l'expérience du lecteur qu'il faut d'abord se référer.

Que dit, en l'occurrence, le lecteur de roman ?

Il dit et répète ceci, qui est sa « philosophie » spontanée et son expérience la plus chère, même si elle demeure tacite et presque informulée, que le roman est le successeur de l'épopée, et donc consacré à un héros ; que tout roman pourrait porter en exergue ces vers de Virgile au début de l'Enéide : « *Arma virumque cano, Trojae qui primus ab oris...* » « *Je chante les combats et l'homme qui, le premier, venu des rivages de Troie...* »

L'expérience du lecteur est irréfutable. Si le personnage ne crée pas les événements, s'il n'en est pas toujours le sujet volontaire et responsable, il en est le centre. Et le livre est, sous les yeux du lecteur, le lieu du dialogue caché de deux figures, le narrateur et le personnage, le narrateur qui reste dans l'ombre, et son autre qui brille sur la scène, le personnage.

Sans doute, et le lecteur le sait bien !, le personnage ne poursuit-il hors du texte aucune existence concrète. Mais sa vie fictive continue de se prolonger dans le moment de méditation et d'appropriation du texte, de « refiguration » (l'expression est de Paul Ricœur), où les mots écrits deviennent une œuvre par le travail, le soutien du lecteur, son appui, actifs, effectifs.

Alors, n'en doutons pas, le personnage vit et continue de vivre. Alors surgissent les grandes figures mythiques dont l'homme ne peut se passer ni dans sa vie publique, ni dans sa vie privée, ni dans l'éclat de son action, ni dans le secret de son cœur. Comme le dit ici François Mauriac : tous les lecteurs de roman savent que les personnages du roman ont pour fonction de les « *éclairer sur eux-mêmes et (de) leur livrer le dernier mot de leur propre énigme* ».

Il ne faut donc pas craindre d'invoquer l'expérience de lecture pour comprendre la nature de la fiction littéraire. Car la littérature n'est pas la science. Si la pensée scientifique n'a pu se développer, et les découvertes de la science se faire que contre l'expérience triviale, en revanche, l'expérience littéraire porte en elle-même, tacites, secrètes, une exigence et des vérités essentielles.

●

Or, c'est, dans les années soixante, à cela même — à ces vérités et à cette exigence — que s'est attaquée la théorie littéraire. Considéré comme une survivance datée, comme la rémanence d'un état antérieur du roman par les divers courants formalistes des années 60, le « personnage » y fait l'objet d'une virulente négation des pouvoirs représentatifs de la littérature.

Pourquoi est-ce sur le personnage que converge toute l'attaque ?

Cette querelle, si elle est datée, n'en est pas moins révélatrice. Elle dit en effet l'« athéisme littéraire » de toute une génération : personnage et narrateur ne sont que « des figures de papier », l'art n'a pas de fonction représentative, le sujet n'est rien d'autre que son inscription dans l'histoire : un pur produit des structures. Dissoute par la critique de l'humanisme bourgeois, la figure du personnage n'a plus qu'à disparaître. Elle n'a eu qu'un temps, elle n'a été, n'est qu'une péripétie.

Et avec elle, cela va de soi, l'« analyse psychologique » que frappe un anathème qui n'a pas encore été levé. La faute en est, sans doute, au roman kitsch, à sa psychologie vieillotte, à ses analyses convenues, et il est heureux que la psychanalyse nous ait avertis que « nous pensions où nous n'étions pas et que nous n'étions pas où nous pensons ». Mais je crains que la réprobation qui marque toute « analyse psychologique » ne vise en réalité qu'à repousser définitivement l'hypothèse selon laquelle l'homme est un sujet libre qui réfléchit sur sa vie afin de la gouverner et, dans le même temps, trouve dans le roman le miroir de ses passions, le chemin obscur de sa vérité, et l'occasion d'en expérimenter les formes.

La querelle faite au personnage n'est donc qu'en apparence une querelle littéraire ; c'est en fait bien plus, parce que les questions littéraires, les questions qui concernent la littérature sont des questions vastes, philosophiques, existentielles.

●

Mais, et ce n'est pas pour surprendre, le personnage résiste. Dans l'idée que se font les romanciers de leur art, en tout premier lieu, et non pas seulement quelques « balzaciens attardés ». De Balzac à Pirandello et de Mauriac à, aujourd'hui, Kundera, ils ne craignent pas de dire que l'émergence du personnage est un moment décisif de la création littéraire. Il y a sans doute bien de la niaiserie dans les propos du romancier qui commente devant une caméra de télévision, d'un air modeste et gourmand, les frasques de son personnage récemment éditées, comme une mère celles de son fils trop grandi. Mais aussi quel sujet de méditation dans l'image de Bianchon se dressant près du lit de mort de Balzac, ou de Pirandello retrouvant chaque soir, dans l'ombre de son cabinet, ses « six personnages » immobiles, silencieux, courroucés. De quoi naît le personnage ? Mystère. Chez Kundera, de rien, d'une variation sur soi, d'un geste (Agnès dans *L'Immortalité*) ; chez Mauriac, d'une réminiscence (« *la maigre empoisonneuse entre deux gendarmes* »), chez Pirandello, d'un drame obscur réclamant chaque soir d'être porté au jour.

Mais il est là, et il exerce une sorte de demande confuse, premier degré de cet appel à l'être dont il enveloppera plus tard le lecteur. Car certaines de ces créatures fictives, écrit François Mauriac, « *tournent autour de nous comme si elles n'avaient pas dit leur dernier mot, comme si elles attendaient de nous leur dernier accomplissement ».*

Le personnage résiste. Soumis aux plus fortes radiations déconstructives, aux plus fortes pressions réductrices ; dépouillé d'identité, d'état civil et même de son corps : il résiste. Devenu chez Kafka une simple initiale, réduit chez Beckett à n'être plus qu'une bouche ouverte sur fond de nuit, chez Calvino dans *Cosmicomics* à ces lettres imprononçables : Qfwfq, il survit. Il est là ; il exerce sa magie, sa fonction, son pouvoir. Sommes-nous moins attentifs, moins présents, moins remués que dans un roman de Balzac ou de Tolstoï, lorsque c'est un nommé « Joseph K. » dont au fond nous ne savons rien, qui affronte cette horreur, cette terreur suprême que nous allons lire, suspendant notre souffle, et même en quelque façon, notre vie, à cette vie qui vacille et meurt : « *Ses regards tombèrent sur le dernier étage de la maison qui touchait la carrière. Comme une lumière qui jaillit, les deux battants d'une fenêtre s'ouvrirent là-haut, un homme — si mince et si faible à cette distance et à cette hauteur — se pencha brusquement dehors, en lançant les bras en avant. Qui était-ce ? Un ami ? Une bonne âme ? (...) Il leva les mains et il écarquilla les doigts.*

Mais l'un des messieurs venait de le saisir à la gorge ; l'autre lui enfonça le couteau dans le cœur et l'y retourna deux fois. Les yeux mourants, K. vit encore les deux messieurs penchés tout près de son visage qui observaient le dénouement joue contre joue » ?

●

Cette résistance du personnage nous éclaire sur la nature même et la fonction du récit Il faut le dire et le redire sans compter ; il y a un lien indestructible entre le roman et le personnage ; qui attente au premier ne peut que porter atteinte au second.

Pourquoi ?

Il faut en revenir à la réflexion philosophique née avec *La Poétique* d'Aristote.

Selon Aristote, en effet, l'essence de la

fiction épique et dramatique conjoint étroitement la construction de l'intrigue et l'émergence d'un personnage. La représentation littéraire consiste, on s'en souvient, dans l'organisation des actions ; la « mimesis » n'est ni une copie ni une imitation mais une re-présentation. Car il y a nécessairement transposition, transformation et métamorphose, lorsqu'on passe de la chair du monde à la chair immatérielle des mots, de la pâte des choses à la pâte picturale.

La *mimesis* est une trans-figuration ; les choses absentes y sont remplacées par leur substitut, leur signe : les mots, les traits, les phrases. Et c'est ce déplacement qui fait émerger les figures, ou les formes. *Représenter, c'est mettre en forme*. La *mimesis* (toujours Aristote) vise à constituer un *muthos*, une intrigue, une composition, un agencement, un ordre.

Par la mise en forme, la *mimesis* exerce sa finalité qui est de comprendre le sens de nos actions et de nos passions. Il y a, dit Aristote, une vocation de l'homme à connaître ; à substituer, au domaine des faits sans ordre, l'ordre de leur déroulement, à faire que ce qui vient avant soit considéré comme la cause, et ce qui vient après comme l'effet. « *Post hoc ergo propter hoc* » : quel miracle ! Voilà que le flux du temps se transforme en ordre de la raison, le chronologique en logique. Des actions sans ordre ; sans « début » ni fin, un pur écoulement ; des morts sans cause ; des douleurs sans suite, et voici que, grâce à la construction dramatique, narrative, épique, une suite apparaît, tout prend place dans le vaste schéma dicté par une pensée, une volonté, celles du personnage parfois, le plus souvent celles du narrateur, qui, à partir d'un matériau brut (réel ou imaginaire, fictif ou historique), a fait se déployer la puissance organisatrice de la raison.

Mais cet ordre ne s'exerce pas sur rien. Il s'exerce sur ce qui est le matériau de la *mimesis*, le point de départ de son opération transformatrice, re-présentative ; les actions et les passions des hommes. Et comme il n'y a pas, il ne peut pas y avoir d'action sans « agissants », la place du personnage s'en *déduit* immédiatement, au sens philosophique du terme. Le personnage ne découle pas d'un caractère antéposé, prédéterminé, il surgit de ses propres actions. Du reste, chez Aristote, les personnages (toujours au pluriel) ne portent qu'un nom : les « agissants ».

Les « agissants » sont ceux qui exercent leur pensée dans le monde : c'est ce qu'on appelle l'action. Mais le sens de leurs actions ne leur apparaît pas toujours clairement : le rôle de la fiction épique et dramatique est de le dégager en les plaçant sous une lumière qui les éclaire, celle de la narration.

•

« Héros » d'Homère ou personnage de Balzac, ou figure sans corps, ni sexe, de la fiction moderne, le personnage est « entre deux mondes ». « Figure » de la narration, issu de l'expérience imaginaire ou réelle de l'auteur, et de l'agencement « mimétique » de ses actions, le personnage vient vers le lecteur comme une proposition de sens à achever.

Pour parvenir à cette fin, l'auteur a dû lui-même se métamorphoser en un être de fiction, en une figure de pensée, le narrateur, qui se constitue dans l'ordre même qu'il impose à ses objets. L'auteur en un sens est devenu un personnage de son propre roman, il se met lui aussi à exister « entre deux mondes », entre le monde de la fiction et le monde vrai auquel il appartient encore un temps. C'est sur ce modèle que le lecteur va plus tard se couler.

L'action se déroule, conduite, guidée par la main invisible, la sûre pensée du narrateur. Le personnage tâtonne, il s'avance dans l'ombre, il se perd, nous nous perdons avec lui, mais nous savons qu'un secours viendra, qu'une parole sourdement tenue se fera entendre : la voix du narrateur. Lâchant les rênes et les reprenant à sa guise, le narrateur n'offre à ses créatures, sous le nom de liberté, qu'un mixte d'autonomie relative et d'asservissement contrôlé. Mais il n'est pas de plus grande satisfaction, pour le lecteur, que d'assister à l'affrontement de ces deux libertés inégales, que de participer au dialogue dissimulé ou patent du narrateur et de ses personnages.

Ce battement du réel et de l'imaginaire qui nous saisit pendant la lecture est l'essence de la fiction dramatique ou épique, une feinte, tout entière au service de la création romanesque, du bonheur du lecteur, du fonctionnement de la fiction.

Car l'essentiel est là : le relais maintenant peut être pris, c'est au lecteur d'agir. La pensée s'est emparée de son objet, les actions (et les passions) ; elle en a constitué la figuration nécessaire pour que nous puissions y entendre notre voix, et tenter, espérer, d'y éclairer notre énigme. A la compréhension des causes s'adjoint alors l'allégement des passions passées par le filtre de la raison.

C'est ce phénomène qu'Aristote nomme *catharsis* — mise à distance, construction, élucidation de l'infinie variété trouble, obscure, destructrice de nos passions.

On comprend dès lors comment la disparition ou la déconstruction du personnage la rend impossible et, au sens le plus large, interdit la refiguration, l'application de la fiction à notre monde : en un mot la lecture.

●

La *catharsis* ne peut se passer du personnage.

C'est une énigme, et c'est un fait : nous avons besoin pour cela de projection, de transfert, d'identification. Pour que la fiction opère, nous avons besoin de croire à l'existence d'un personnage en qui se résument et se concentrent les actions qu'organise la fable.

Le fonctionnement même du texte le veut : sa vérité est obligée de passer par des simulacres de mots ; et la vie même et l'âme de l'auteur de se couler vivantes dans la figure de papier qui le représente. Et qui, dans le même temps, le sauve. Qu'est d'autre aujourd'hui pour nous Thomas Mann, sinon cette voix immatérielle, mais présente, qui vient à nous à travers le temps, lorsque nous lisons la fin de *La Mort à Venise* ?

« *Il semblait à Aschenbach que le psycha-*

gogue pâle et digne d'amour lui souriait là-bas, lui montrait le large ; que, détachant la main de sa hanche, il tendait le doigt vers le lointain et, prenant les devants, s'élançait comme une ombre dans le vide énorme et plein de promesses. »

Le personnage me fait accéder à mon tour au grand règne des métamorphoses. C'est par lui que le roman peut se faire expérience du monde, en m'obligeant à devenir moi aussi un être imaginaire. En lisant, je me livre, je m'oublie ; je me compare, je m'absorbe, je m'absous. Sur le modèle et à l'image du personnage, je deviens autre. Comme disait Aragon : « *Etre ne suffit pas à l'homme / Il lui faut / Etre autre* » (*Théâtre/Roman*).

Autre par la médiation du personnage, autre, afin de devenir moi-même et, passant par ma propre absence, ayant fait le deuil de moi-même, capable de comprendre ce qu'il en est de ma vie. C'est ce que Sartre appelait la « générosité » du lecteur : cette mort feinte, cette transmutation provisoire par quoi j'accède au sens, à la compréhension.

Grâce à la fiction, chacun porte une tête multiple sur ses épaules ; il se fait une âme ouverte ; un cœur régénéré.

●

Est-ce à dire que notre lecture hallucinée oublie de voir dans le personnage un être de fiction, et nous fait croire à son existence hors du texte ?

Le personnage vit, sans doute ; mais nous savons fort bien de quelle vie. C'est la vie d'une illusion. Ni plus ni moins. Pour en comprendre sa nature, il ne suffit pas de dire avec Valéry que la *Vénus de Milo* n'a pas de foie ou d'artères. Pour saisir ce qu'est l'illusion narrative, moteur indispensable au fonctionnement du roman, il ne sert à rien de s'écrier : Mais quoi ! Le personnage n'existe pas ! Au contraire.

Car il existe : dans la fiction, d'une existence fictive. Comme le roi Lear « existe » sur la scène, d'une existence scénique.

Le phénomène de la croyance romanesque est de même nature que celui de l'illusion comique, de l'illusion théâtrale. Les choses, en effet, sur une scène, sont et ne sont pas ; la lande de Lear n'est en un sens « qu'un » plateau couvert de mâchefer, ou un simple plancher ; Lear n'est, en somme, que cet homme un peu fatigué que vous allez demain croiser dans la rue ou dans les couloirs du métro. Mais de quelle valeur de vérité serait-il le porteur, et quel rôle social pourrait-il jouer celui qui s'écrirait, en plein théâtre, mais non, ce n'est pas Galileo Galilei ! C'est Roland Bertin, c'est Charles Laughton !

L'illusion théâtrale suppose un consentement à la croyance temporaire dans la réalité des choses fictives ; elle rend inopérant tout dessillement volontaire. Car cet acteur, devant moi, *est bien le Roi Lear*, et ce plancher *est la lande des sorcières*, comme il était hier le parquet de Versailles où Célimène attend Alceste ; et la cour de Trézène où Phèdre se consume pour Hippolyte.

Un être de papier, le personnage ? Allons donc. Il existe moins que nous, sans doute. Mais en un autre sens, il existe plus que nous, car il continue de vivre impérissablement. Comme le dit Pirandello dans *Les Six Personnages en quête d'auteur* :

« *Celui qui a la chance de naître personnage peut se rire de la mort. Il ne meurt plus ! L'homme mourra, l'écrivain, instrument de sa création, mourra ; la créature ne meurt plus ! Et pour vivre éternellement, elle n'a pas besoin de dons extraordinaires ou d'accomplir des prodiges. Qui était Sancho Pança ? Qui était Don Abbondio ? Et pourtant ils vivent éternellement, parce que, germes vivants, ils ont eu la chance de trouver une matrice féconde, une imagination qui a su les former et les nourrir, les faire vivre pour l'éternité !* »

●

Les questions auxquelles le roman s'emploie interminablement à répondre sont des questions éthiques et métaphysiques. Elles se résument toutes dans le « comment vivre ? » que se pose chaque homme, dans les aspirations confuses d'une existence qui s'ouvre à la vérité et tend à la liberté. Pouvoir et impuissance, abandon, déréliction ; accords, retrouvailles et accomplissement. Qu'est-ce qu'agir ? Qu'est-ce qu'être libre ? Comment le devient-on ? Comment cesse-t-on de l'être ? Qu'est-ce qu'avoir peur et ne plus avoir peur ?

Vivre n'est pas triste, vivre est tragique. Ce n'est ni une obligation, ni une corvée ; ce ne devrait pas être un devoir, mais une joie : vivre est un don, une grâce. Mais une douleur nous vient au spectacle des forces qui sont mises en jeu pour écraser la vie sous le vivre, par exemple ceci, qu'on ose à peine rappeler : la plus grande part de l'existence passe dans les moyens d'assurer la survie. Celle des pauvres dans Calcutta assiégée par la misère et de ceux qui chaque matin traversent les grandes villes sous leur sol pour aller s'enfermer dans l'ombre, non pour étudier ou méditer qui seraient la seule raison d'oublier un instant la lumière sacrée du monde, mais pour remplir des bordereaux, poser leurs doigts sur les claviers d'une machine électronique.

Où est le sens, qui s'en préoccupe ? La science, les techniques, les sciences humaines ? Les divertissements mécaniques, tarifés ? La circulation électronique des images planétaires ? Non, mais cette pensée vivante de l'existence, cette « science de la vie », que sont le roman, le récit, la littérature — ainsi que le disent à la fois et sans le savoir ni se connaître, Heimito von Doderer dans *Les Démons* et François Mauriac, ici-même.

Car c'est dans le roman, et non point ailleurs, que l'homme peut prendre la parole en tant que tel : en tant que sujet, et tant qu'il est lui, unique, fragile, mortel, irresponsable, irremplaçable, seul pour toujours.

La question est donc : ne voyons-nous pas ce que nous perdrions si les figures du récit venaient à s'effacer de la plage du monde ? Ne voyons-nous pas pourquoi il nous faut garder vivants l'univers du roman, du récit, de la narration, et donc ses personnages, garants de la possibilité d'un retour sur soi ?

Mais pour que leur fonction s'accomplisse, il faut passer par le détour de l'illusion romanesque. C'est ainsi. C'est une loi de l'imaginaire : pour que le roman puisse déployer la série interminable de ses métamorphoses, et devenir ainsi le lieu ou le sens se problématise, il faut croire à l'existence des personnages successifs où nous incarnons notre douleur.

Par la croyance que nous lui accordons, et par ce défaut d'être dont nous acceptons la charge afin de donner corps à ses créations, le roman, miroir de l'exigence d'une vie réfléchie, est alors en mesure d'inscrire dans une forme langagière l'horizon éthique possible de nos actions.

●

La vérité romanesque est de l'ordre du juste : justesse et justice. La littérature vient ainsi combler ces deux exigences, la vie avec la pensée, la vie dans la vérité.

Sa leçon se déploie à travers les grands textes, dont nous connaissons tous la liste mythique que l'Ecole nous a enseignée, et qui se rappellent d'abord à notre mémoire par la mémoire que nous avons de leurs personnages, dans toute la dimension commémorative, célébrationnelle de la fiction épique. Voilà pourquoi les grands livres sont supérieurs aux autres, et sont réclamés comme tels : c'est afin de déchirer le voile de mensonge et d'apparences fausses que tissent autour de nous-mêmes et nos expériences les feuilletons médiocres, les romans kitsch.

La littérature, du moins dans les « grands livres », affirme qu'il n'y a pas d'existence possible sans horizon éthique, ou plutôt montre en acte, en exercice, que tous les hommes, qu'ils le sachent ou non, se déterminent selon un horizon éthique. Elle examine les multiples systèmes de référence de la vie droite, de ses échecs et de ses contradictions ; de ses solutions et de ses impasses ; elle fournit des critères et des repères.

Et elle ne cesse d'en faire l'analyse complexe, infinie, interminable, en déployant la galerie infinie, interminable de ces miroirs de notre âme déchirée : les personnages des romans.

Danièle Sallenave

I

LE ROMANCIER
ET SES PERSONNAGES

L'humilité n'est pas la vertu dominante des romanciers. Ils ne craignent pas de prétendre au titre de créateurs. Des créateurs! les émules de Dieu!

A la vérité, ils en sont les singes.

Les personnages qu'ils inventent ne sont nullement créés, si la création consiste à faire quelque chose de rien. Nos prétendues créatures sont formées d'éléments pris au réel; nous combinons, avec plus ou moins d'adresse, ce que nous fournissent l'observation des autres hommes et la connaissance que nous avons de nous-mêmes. Les héros de romans naissent du mariage que le romancier contracte avec la réalité.

Dans les fruits de cette union, il est périlleux de prétendre délimiter ce qui appartient en propre à l'écrivain, ce qu'il y retrouve de lui-même et ce que l'extérieur lui a fourni. En tout cas, chaque romancier ne peut, sur ce sujet, ne parler que de soi, et les observations auxquelles je vais me risquer, me concernent seul.

Il va sans dire que nous ne tenons pas compte ici des romanciers qui, sous un léger déguisement, sont eux-mêmes tout le sujet de leurs livres. A vrai dire, tous les romanciers, même quand ils ne l'ont pas toujours publiée, ont commencé par cette peinture directe de leur belle âme et de ses aventures métaphysiques ou sentimentales. Un garçon de dix-huit ans ne peut faire un livre qu'avec ce qu'il connaît de la vie, c'est-à-dire ses propres désirs, ses propres illusions. Il ne peut que décrire l'œuf dont il vient à peine de briser la coquille. Et, en général, il s'intéresse trop à lui-même pour songer à observer les autres. C'est lorsque nous commençons à nous déprendre de notre propre cœur que le romancier commence aussi de prendre figure en nous.

Après avoir écarté du débat les romanciers qui racontent leur propre histoire, nous ne tiendrons pas compte non plus de ceux qui copient patiemment les types qu'ils observent autour d'eux, et qui font des portraits plus ou moins fidèles et ressemblants. Non que cette forme du roman soit le moins du monde méprisable : c'est celle qui est née directement de La Bruyère et des grands moralistes français. Mais ces romanciers mémorialistes et portraitistes ne créent pas, à proprement parler ; ils imitent, ils reproduisent, ils rendent au public, selon le mot de La Bruyère, ce que le public leur a prêté ; et le public ne s'y trompe pas, car il cherche les clefs de leurs personnages et a vite fait de mettre des noms sous chacun d'eux.

Le public n'en saurait agir de même avec l'espèce de romans qui nous occupe ici : ceux où des créatures nouvelles naissent de cette union mystérieuse entre l'artiste et le réel. Ces héros et ces héroïnes que le véritable romancier met au monde, et qu'il n'a pas copiés d'après des modèles rencontrés dans la vie, sont des êtres que leur inventeur pourrait se flatter d'avoir tirés tout entiers du néant par sa puissance créatrice, s'il n'y avait, tout de même, autour de lui, — non dans le grand public, ni parmi la masse de ses lecteurs inconnus, mais dans sa famille, chez ses proches, dans sa ville ou dans son village, — des personnes qui croient se reconnaître dans ces êtres que le romancier se flattait d'avoir créés de toutes pièces. Il existe toujours, dans cet entourage immédiat, des lecteurs qui se plaignent ou qui se froissent. Il n'y a pas d'exemple qu'un romancier n'ait peiné ou blessé à son insu d'excellentes gens parmi ceux qui l'ont connu enfant ou jeune homme, au milieu desquels il a grandi, et auxquels il était à mille lieues de penser lorsqu'il écrivait son roman.

N'empêche que s'ils s'y reconnaissent, eux ou les leurs, en dépit de toutes les protestations de l'écrivain, n'est-ce pas déjà la preuve qu'à son insu il a puisé, pour composer ses bonshommes, dans cette immense réserve d'images et de souvenirs que la vie a accumulés en lui ? Comme ces oiseaux voleurs, comme ces pies dont on raconte qu'elles prennent dans leurs becs les objets qui luisent et les dissimulent au fond de leur nid, l'artiste, dans son enfance, fait provision de visages, de silhouettes, de paroles ; une image le frappe, un propos, une anecdote... Et même, sans qu'il en soit frappé, cela existe en lui au lieu de s'y anéantir comme dans les autres hommes ; cela, sans qu'il en sache rien, fermente, vit d'une vie cachée et surgira au moment venu.

Dans ces milieux obscurs où s'écoula son enfance, dans ces familles jalousement fermées aux étrangers, dans ces pays perdus, dans ces coins de province où personne ne passe et où il semble qu'il ne se passe rien, il y avait un enfant espion, un traître, inconscient de sa traîtrise, qui captait, enregistrait, retenait à son insu la vie de tous les jours dans sa complexité obscure. Un enfant, pareil aux autres enfants, et qui n'éveillait pas le soupçon. Peut-être devait-on lui répéter souvent :

— Va donc jouer avec les autres ! Tu es

toujours fourré dans nos jupes... Il faut toujours qu'il écoute ce que racontent les grandes personnes.

Lorsque, plus tard, il reçoit des lettres furieuses de ceux qui ont cru se reconnaître dans tel ou tel personnage, il éprouve de l'indignation, de l'étonnement, de la tristesse... Car le romancier est d'une entière bonne foi : il connaît, lui, ses personnages ; il sait bien qu'ils ne ressemblent en rien à ces braves gens auxquels il est désolé d'avoir fait de la peine. Et, cependant, il n'a pas la conscience tout à fait tranquille.

Si je m'en rapporte à moi-même, il y a une première cause très apparente de malentendu entre le romancier et les personnes qui croient se reconnaître dans ses livres. Je ne puis concevoir un roman sans avoir présente à l'esprit, dans ses moindres recoins, la maison qui en sera le théâtre ; il faut que les plus secrètes allées du jardin me soient familières et que tout le pays d'alentour me soit connu, — et non pas d'une connaissance superficielle. Des confrères me racontent qu'ils choisissent, comme cadre du roman qu'ils méditent, telle petite ville qui leur était jusqu'alors inconnue et qu'ils y vivent à l'hôtel le temps nécessaire à la composition du livre. C'est justement ce dont je me sens incapable. Il ne me servirait à rien de m'établir, même pour une longue période, dans une région qui me serait tout à fait étrangère. Aucun drame ne peut commencer de vivre dans mon esprit si je ne le situe dans les lieux où j'ai toujours vécu. Il faut que je puisse suivre mes personnages de chambre en chambre. Souvent, leur figure demeure indistincte en moi, je n'en connais que leur silhouette, mais je sens l'odeur moisie du corridor qu'ils traversent, je n'ignore rien de ce qu'ils sentent, de ce qu'ils entendent à telle heure du jour et de la nuit, lorsqu'ils sortent du vestibule et s'avancent sur le perron.

Cette nécessité me condamne à une certaine monotonie d'atmosphère que, dans mon œuvre, on retrouve presque toujours la même, d'un livre à l'autre. Elle m'oblige surtout à me servir de toutes les maisons, de tous les jardins où j'ai vécu ou que j'ai connus depuis mon enfance. Mais les propriétés de ma famille et de mes proches n'y suffisent plus, et je suis obligé d'envahir les immeubles des voisins. C'est ainsi qu'il m'est arrivé, en toute innocence, de déchaîner en imagination les plus terribles drames au fond de ces honnêtes maisons provinciales où, à quatre heures, dans de sombres salles à manger qui sentaient l'abricot, de vieilles dames n'offraient pas au petit garçon que je fus l'arsenic de Thérèse Desqueyroux, mais les plus beaux muscats de l'espalier, des crèmes pâtissières, des pâtes de coing et un grand verre un peu écœurant de sirop d'orgeat.

*
**

Quand le petit garçon d'autrefois est devenu romancier, il arrive que les survivants de ses années d'enfance, lisant ces histoires à faire peur, reconnaissent avec horreur leur maison, leur jardin. La violence même du drame qu'avait inventé le romancier lui avait fait croire qu'aucun malentendu, qu'aucune confusion ne pouvait se produire. Il lui semblait impossible que les honnêtes gens auxquels il avait emprunté leur maison pussent imaginer qu'il leur prêtait les passions et les crimes de ses tristes héros.

Mais c'était méconnaître la place qu'occupe, dans les vies provinciales, l'antique demeure jamais quittée. Les habitants des villes, qui passent avec indifférence d'un appartement à un autre, ont oublié qu'en province la maison de maître, les écuries, la buanderie, la basse-cour, le jardin, les potagers, finissent par être unis à la famille comme à l'escargot sa coquille. On ne saurait y toucher sans la toucher. Et cela est si vrai que l'imprudent et sacrilège romancier, qui croit ne s'être servi que de la maison et du jardin, ne se rend pas compte qu'une certaine atmosphère y demeure prise, l'atmosphère même de la famille qui l'habitait. Quelquefois, un prénom y demeure, comme un chapeau de soleil oublié dans le vestibule, et, par une inconsciente association d'idées, le romancier en baptise un de ses coupables héros,

— ce qui achève de le rendre suspect des plus noirs desseins.

Dans ces maisons, dans ces vieilles propriétés de son enfance, le romancier introduit donc des êtres différents de ceux qui les ont habitées ; ils violent le silence de ces salons de famille, où sa grand'mère, sa mère, tricotaient sous la lampe, en pensant à leurs enfants et à Dieu. Mais ces personnages, ces envahisseurs, quel rapport ont-ils exactement avec les êtres vivants que le romancier y a connus ?

*
**

En ce qui me concerne, il me semble que dans mes livres, les personnages de second plan sont ceux qui ont été empruntés à la vie, directement. Je puis établir comme une règle que moins, dans le récit, un personnage a d'importance, et plus il a de chances d'avoir été pris tel quel dans la réalité. Et cela se conçoit : il s'agit, comme on dit au théâtre, d'une « utilité ». Nécessaires à l'action, les utilités s'effacent devant le héros du récit. L'artiste n'a pas le temps de les repétrir, de les recréer. Il les utilise tels qu'il les retrouve dans son souvenir. Ainsi n'a-t-il pas eu à chercher bien loin cette servante, ce paysan, qui traversent son œuvre. A peine a-t-il eu soin de brouiller un peu l'image qu'en avait gardée sa mémoire.

Mais les autres, ces héros et ces héroïnes de premier plan, si souvent misérables, dans quelle mesure sont-ils, eux aussi, les répliques d'êtres vivants ? Dans quelle mesure sont-ils des photographies retouchées ? Ici, nous aurons de la peine à serrer de près la vérité. Ce que la vie fournit au romancier, ce sont les linéaments d'un personnage, l'amorce d'un drame qui aurait pu avoir lieu, des conflits médiocres à qui d'autres circonstances auraient pu donner de l'intérêt. En somme, la vie fournit au romancier un point de départ qui lui permet de s'aventurer dans une direction différente de celle que la vie a prise. Il rend effectif ce qui n'était que virtuel ; il réalise de vagues possibilités. Parfois, simplement, il prend la direction contraire de celle que la vie a suivie ; il renverse les rôles ; dans tel drame qu'il a connu, il cherche dans le bourreau la victime et dans la victime le bourreau. Acceptant les données de la vie, il prend le contre-pied de la vie.

Par exemple, entre plusieurs sources de *Thérèse Desqueyroux*, il y a eu certainement la vision que j'eus, à dix-huit ans, d'une salle d'assises, d'une maigre empoisonneuse entre deux gendarmes. Je me suis souvenu des dépositions des témoins, j'ai utilisé une histoire de fausses ordonnances dont l'accusée s'était servie pour se procurer les poisons. Mais là s'arrête mon emprunt direct à la réalité. Avec ce que la réalité me fournit, je vais construire un personnage tout différent et plus compliqué. Les motifs de l'accusée avaient été, en réalité, de l'ordre le plus simple : elle aimait un autre homme que son mari. Plus rien de commun avec ma Thérèse, dont le drame était de n'avoir pas su elle-même ce qui l'avait poussée à ce geste criminel.

Est-ce à dire que cette Thérèse, âme trouble et passionnée, inconsciente des mobiles de ses actes, n'offre aucun caractère commun avec des créatures que le romancier a connues ? Il est très certain qu'à Paris, dans l'étroit milieu où nous vivons, où les conversations, les livres, le théâtre, habituent la plupart des êtres à voir clair en eux, à démêler leurs désirs, à donner à chaque passion qui les tient son nom véritable, nous avons peine à imaginer un monde campagnard où une femme ne comprend rien à elle-même dès que ce qui se passe dans son cœur sort tant soit peu de la norme. Ainsi, sans avoir pensé à aucune femme en particulier, j'ai pu pousser ma Thérèse dans une certaine direction grâce à toutes les observations faites dans ce sens, au cours de ma vie. De même pour le personnage principal du *Nœud de vipères*, ce qu'il y a de plus superficiel en lui, les grandes lignes extérieures de son drame, se rattache à un souvenir précis. Il n'empêche que, sauf ce point de départ, mon personnage est non seulement différent, mais même aux antipodes de celui qui a réellement vécu. Je me suis emparé de circonstances, de certaines habitudes, d'un certain caractère qui ont réellement existé, mais je les ai centrés autour d'une autre âme.

***

Cette âme serait donc mon œuvre ? De quoi est faite sa mystérieuse vie ? Je disais, que les héros de roman naissent du mariage que le romancier contracte avec la réalité. Ces formes, que l'observation nous fournit, ces figures que notre mémoire a conservées, nous les emplissons, nous les nourrissons de nous-mêmes ou, du moins, d'une part de nous-mêmes. Quelle part exactement ?

J'ai cru longtemps, j'ai admis, selon les théories en vogue aujourd'hui, que nos livres nous délivraient de tout ce que nous refrénons : désirs, colères, rancunes... ; que nos personnages étaient les boucs émissaires chargés de tous les péchés que nous n'avons pas commis, ou, au contraire, les surhommes, les demi-dieux que nous chargeons d'accomplir les actes héroïques devant lesquels nous avons faibli ; que nous transférons sur eux nos bonnes ou nos mauvaises fièvres. Dans cette hypothèse, le romancier serait un personnage vraiment monstrueux qui chargerait des personnages inventés d'être infâmes ou héroïques en son lieu et place. Nous serions des gens vertueux ou criminels par procuration, et le plus clair avantage du métier de romancier serait de nous dispenser de vivre.

Mais il me semble que cette interprétation ne tient pas assez compte du formidable pouvoir de déformation et de grossissement qui est un élément essentiel de notre art. Rien de ce qu'éprouvent nos héros n'est à l'échelle de ce que nous ressentons nous-mêmes. Il arrive qu'à tête reposée nous finissions par retrouver dans notre propre cœur l'infime point de départ de telle revendication qui éclate dans un de nos héros, mais si démesurément qu'il ne subsiste réellement presque plus rien de commun entre ce qu'a éprouvé le romancier et ce qui se passe dans son personnage.

Imaginons un écrivain, père de famille, qui, après une journée de travail, et la tête encore pleine de ce qu'il vient de composer, s'assied pour le repas du soir à une table où les enfants rient, se disputent, racontent leurs histoires de pension. Il éprouve fugitivement de l'agacement, de l'irritation... Il souffre de ne pouvoir parler de son propre travail... Une seconde, il se sent mis de côté, négligé... Mais, en même temps que sa fatigue disparaît, cette impression se dissipe et, à la fin du repas, il n'y songera même plus. Eh bien, l'art du romancier est une loupe, une lentille assez puissante pour grossir cet énervement, pour en faire un monstre, pour en nourrir la rage du père de famille dans *Le Nœud de vipères*. D'un mouvement d'humeur, la puissance d'amplification du romancier tire une passion furieuse. Et non seulement il amplifie démesurément, et de presque rien fait un monstre, mais il isole, il détache tels sentiments qui en nous sont encadrés, enveloppés, adoucis, combattus par une foule d'autres sentiments contraires. Et c'est par là encore que nos personnages, non seulement ne nous représentent pas, mais nous trahissent, car le romancier, en même temps qu'il amplifie, simplifie. C'est une telle tentation et à laquelle il résiste si mal que de ramener son héros à une seule passion. Il sait que le critique le louera d'avoir ainsi créé un type. Et c'est tellement ce qui lui paraît le plus facile! Ainsi, grâce à ce double pouvoir d'amplifier formidablement dans ses créatures tels caractères à peine indiqués dans son propre cœur et après les avoir amplifiés, de les isoler, de les mettre à part, répétons encore une fois que, bien loin d'être représenté par ses personnages, le romancier est presque toujours trahi par eux.

**
*

Mais, ici, nous touchons à l'irrémédiable misère de l'art du romancier. De cet art si vanté et si honni, nous devons dire que, s'il atteignait son objet, qui est la complexité d'une vie humaine, il serait incomparablement ce qui existe de plus divin au monde ; la promesse de l'antique serpent serait tenue et nous autres, romanciers, serions semblables à des dieux.

Mais, hélas! que nous en sommes éloignés! C'est le drame des romanciers de la nouvelle génération d'avoir compris que les peintures de caractères selon les modèles du roman classique n'ont rien à voir avec la vie. Même les plus grands, Tolstoï, Dostoïevsky, Proust, n'ont pu que s'approcher, sans l'étreindre vraiment, de ce tissu vivant où s'entrecroisent des millions de fils, qu'est une destinée humaine. Le romancier qui a une fois compris que c'est cela qu'il a mission de restituer, ou bien il n'écrira plus que sans confiance et sans illusion ses petites histoires, selon les formules habituelles, ou bien il sera tenté par les recherches d'un Joyce, d'une Virginia Woolf, il s'efforcera de découvrir un procédé, par exemple le monologue intérieur, pour exprimer cet immense monde enchevêtré toujours changeant, jamais immobile, qu'est une seule conscience humaine, et il s'épuisera à en donner une vue simultanée.

Mais il y a plus : aucun homme n'existe isolément, nous sommes tous engagés profondément dans la pâte humaine. L'individu, tel que l'étudie le romancier, est une fiction. C'est pour sa commodité, et parce que c'est plus facile, qu'il peint des êtres détachés de tous les autres, comme le biologiste transporte une grenouille dans son laboratoire.

*
**

Si le romancier veut atteindre l'objectif de son art, qui est de peindre la vie, il devra s'efforcer de rendre cette symphonie humaine où nous sommes tous engagés, où toutes les destinées se prolongent dans les autres et se compénètrent. Hélas ! il est à craindre que ceux qui cèdent à cette ambition, quel que soit leur talent ou même leur génie, n'aboutissent à un échec. Il y a je ne sais quoi de désespéré dans la tentative d'un Joyce. Je ne crois pas qu'aucun artiste réussisse jamais à surmonter la contradiction qui est inhérente à l'art du roman. D'une part, il a la prétention d'être la science de l'homme, — de l'homme, monde fourmillant qui dure et qui s'écoule, — et il ne sait qu'isoler de ce fourmillement et que fixer sous sa lentille une passion, une vertu, un vice qu'il amplifie démesurément : le père Goriot ou l'amour paternel, la cousine Bette ou la jalousie, le père Grandet ou l'avarice. D'autre part, le roman a la prétention de nous peindre la vie sociale, et il n'atteint jamais que des individus après avoir coupé la plupart des racines qui les rattachent au groupe. En un mot, dans l'individu, le romancier isole et immobilise une passion, et dans le groupe il isole et immobilise un individu. Et, ce faisant, on peut dire que ce peintre de la vie exprime le contraire de ce qu'est la vie : l'art du romancier est une faillite.

Même les plus grands : Balzac, par exemple. On dit qu'il a peint une société : au vrai, il a juxtaposé, avec une admirable puissance, des échantillons nombreux de toutes les classes sociales sous la Restauration et sous la monarchie de Juillet, mais chacun de ses types est aussi autonome qu'une étoile l'est de l'autre. Ils ne sont reliés l'un à l'autre que par le fil ténu de l'intrigue ou que par le lien d'une passion misérablement simplifiée. C'est sans aucun doute, jusqu'à aujourd'hui, l'art de Marcel Proust qui aura le mieux surmonté cette contradiction inhérente au roman et qui aura le mieux atteint à peindre les êtres sans les immobiliser et sans les diviser. Ainsi, nous devons donner raison à ceux qui prétendent que le roman est le premier des arts. Il l'est, en effet, par son objet, qui est l'homme. Mais nous ne pouvons donner tort à ceux qui en parlent avec dédain, puisque, dans presque tous les cas, il détruit son objet en décomposant l'homme et en falsifiant la vie.

Et, pourtant, il est indéniable que nous avons le sentiment, nous autres romanciers, que telles de nos créatures vivent plus que d'autres. La plupart sont déjà mortes et ensevelies dans l'oubli éternel, mais il y en a qui survivent, qui tournent autour de nous comme si elles n'avaient pas dit leur dernier mot, comme si elles attendaient de nous leur dernier accomplissement.

Malgré tout, il y a là un phénomène qui

doit rendre courage au romancier et retenir son attention. Cette survie est très différente de celle des types célèbres du roman, qui demeurent, si j'ose dire, accrochés dans l'histoire de la littérature, comme des toiles fameuses dans les musées. Il ne s'agit pas ici de l'immortalité dans la mémoire des hommes du père Goriot ou de Mme Bovary, mais plus humblement, et sans doute, hélas! pour peu de temps, nous sentons que tel personnage, que telle femme d'un de nos livres, occupent encore quelques lecteurs, comme s'ils espéraient que ces êtres imaginaires les pussent éclairer sur eux-mêmes et leur livrer le mot de leur propre énigme. En général, ces personnages, plus vivants que leurs camarades, sont de contour moins défini. La part du mystère, de l'incertain, du possible est plus grande en eux que dans les autres. Pourquoi Thérèse Desqueyroux a-t-elle voulu empoisonner son mari? Ce point d'interrogation a beaucoup fait pour retenir au milieu de nous son ombre douloureuse. A son propos, quelques lectrices ont pu faire un retour sur elles-mêmes et chercher auprès de Thérèse un éclaircissement de leur propre secret ; une complicité, peut-être. Ces personnages ne sont pas soutenus par leur propre vie : ce sont nos lecteurs, c'est l'inquiétude des cœurs vivants qui pénètre et gonfle ces fantômes, qui leur permet de flotter un instant dans les salons de province, autour de la lampe où une jeune femme s'attarde à lire et appuie le coupe-papier sur sa joue brûlante.

**

Au romancier conscient d'avoir échoué dans son ambition de peindre la vie, il reste donc ce mobile, cette raison d'être : quels que soient ses personnages, ils agissent, ils ont une action sur les hommes. S'ils échouent à les représenter, ils réussissent à troubler leur quiétude, ils les réveillent, et ce n'est déjà pas si mal. Ce qui donne au romancier le sentiment de l'échec, c'est l'immensité de sa prétention. Mais, dès qu'il a consenti à n'être pas un dieu dispensateur de vie, dès qu'il se résigne à avoir une action viagère sur quelques-uns de ses contemporains, fût-ce grâce à un art élémentaire et factice, il ne se trouve plus si mal partagé. Le romancier lâche ses personnages sur le monde et les charge d'une mission. Il y a des héros de roman qui prêchent, qui se dévouent au service d'une cause, qui illustrent une grande loi sociale, une idée humanitaire, qui se donnent en exemple... Mais, ici, l'auteur ne saurait être trop prudent. Car nos personnages ne sont pas à notre service. Il en est même qui ont mauvais esprit, qui ne partagent pas nos opinions et qui se refusent à les propager. J'en connais qui prennent le contre-pied de toutes mes idées, par exemple qui sont anticléricaux en diable et dont les propos me font rougir. D'ailleurs, c'est assez mauvais signe qu'un des héros de nos livres devienne notre porte-parole. Lorsqu'il se plie docilement à ce que nous attendons de lui, cela prouve, le plus souvent, qu'il est dépourvu de vie propre et que nous n'avons entre les mains qu'une dépouille.

Que de fois m'est-il arrivé de découvrir,

en composant un récit, que tel personnage de premier plan auquel je pensais depuis longtemps, dont j'avais fixé l'évolution dans les derniers détails, ne se conformait si bien au programme que parce qu'il était mort : il obéissait, mais comme un cadavre. Au contraire, tel autre personnage secondaire auquel je n'attachais aucune importance se poussait de lui-même au premier rang, occupait une place à laquelle je ne l'avais pas appelé, m'entraînait dans une direction inattendue. C'est ainsi que, dans *Le Désert de l'amour,* le docteur Courrège ne devait être, d'après mon plan, qu'un personnage épisodique : le père du héros principal. Puis il finit par envahir tout le roman ; et, quand il m'arrive de penser à ce livre, la figure souffrante de ce pauvre homme domine toutes les autres et surnage presque seule au-dessus de ces pages oubliées. En somme, je suis, vis-à-vis de mes personnages, comme un maître d'école sévère, mais qui a toutes les peines du monde à ne pas avoir une secrète préférence pour la mauvaise tête, pour le caractère violent, pour les natures rétives et pour ne pas les préférer dans son cœur aux enfants trop sages et qui ne réagissent pas.

***

Plus nos personnages vivent et moins ils nous sont soumis. Hélas! certains romanciers ont cette malchance que l'inspiration, que le don créateur en eux prend sa source dans la part la moins noble, la moins purifiée de leur être, dans tout ce qui subsiste en eux malgré eux, dans tout ce qu'ils passent leur vie à balayer du champ de leur conscience, dans cette misère enfin qui faisait dire à Joseph de Maistre :

— Je ne sais pas ce qu'est la conscience d'une canaille, mais je connais celle d'un honnête homme, et c'est horrible.

C'est dans ces ténèbres, semble-t-il, que, pour leur malheur, certains romanciers découvrent que leurs créatures prennent corps. Et, quand une lectrice scandalisée leur demande : « Où allez-vous chercher toutes ces horreurs ? » les malheureux sont obligés de répondre : « En moi, madame. »

Il serait d'ailleurs faux de prétendre que ce sont des créatures à notre image, puisqu'elles sont faites de ce que nous rejetons, de ce que nous n'accueillons pas, puisqu'elles représentent nos déchets. Il y a, pour le romancier qui crée des êtres de cette sorte, un merveilleux plaisir à lutter contre eux. Comme ces personnages ont, en général, de la résistance et qu'ils se défendent âprement, le romancier, sans risque de les déformer ni de les rendre moins vivants, peut arriver à les transformer, il peut leur insuffler une âme ou, plutôt, les obliger à découvrir en eux leur âme, il peut les sauver sans pour cela les détruire. C'est, du moins, ce que je me suis efforcé de réussir dans *Le Nœud de vipères*, par exemple.

On me disait :

— Peignez des personnages vertueux !

Mais je rate presque toujours mes personnages vertueux.

On me disait :

— Tâchez d'élever un peu leur niveau moral.

Mais plus je m'y efforçais, et plus mes

personnages se refusaient obstinément à toute espèce de grandeur.

Mais, étudiant des êtres, lorsqu'ils sont au plus bas et dans la plus grande misère, il peut être beau de les obliger à lever un peu la tête. Il peut être beau de prendre leurs mains tâtonnantes, de les attirer, de les obliger à pousser ce gémissement que Pascal voulait arracher à l'homme misérable et sans Dieu, — et cela non pas artificiellement, ni dans un but d'édification, mais parce que, le pire d'une créature étant donné, il reste de retrouver la flamme primitive qui ne peut pas ne pas exister en elle.

Le Nœud de vipères est, en apparence, un drame de famille, mais, dans son fond, c'est l'histoire d'une remontée. Je m'efforce de remonter le cours d'une destinée boueuse, et d'atteindre à la source toute pure. Le livre finit lorsque j'ai restitué à mon héros, à ce fils des ténèbres, ses droits à la lumière, à l'amour et, d'un mot, à Dieu.

Les critiques ont souvent cru que je m'acharnais avec une espèce de sadisme contre mes héros, que je les salissais parce que je les haïssais. Si j'en donne l'impression, la faiblesse, l'impuissance de mes moyens en est seule responsable. Car la vérité est que j'aime mes plus tristes personnages et que je les aime d'autant plus qu'ils sont misérables, comme la préférence d'une mère va d'instinct à l'enfant le plus déshérité. Le héros du *Nœud de vipères* ou l'empoisonneuse Thérèse Desqueyroux, aussi horribles qu'ils apparaissent, sont dépourvus de la seule chose que je haïsse au monde et que j'ai peine à supporter dans une créature humaine, et qui est la complaisance et la satisfaction. Ils ne sont pas contents d'eux-mêmes, ils connaissent leur misère.

En lisant l'admirable *Saint Saturnin*, de Jean Schlumberger, j'éprouvai avec malaise, au cours du récit, une antipathie contre laquelle je ne pouvais me défendre à l'égard des personnages les plus dignes d'être aimés, et dont je ne comprenais pas la raison. Mais tout s'est éclairé pour moi, lorsque aux dernières pages du livre le héros le plus sympathique s'écrie :

— Je consens à ne pas trop mépriser les oisifs, pourvu que je continue à pouvoir me tenir en estime.

Evidemment, si ce personnage eût été conçu par moi, je ne l'eusse pas lâché qu'il ait été obligé de ne plus se tenir en estime et de ne plus mépriser personne autant que lui-même. Je n'aurais eu de cesse que je ne l'aie acculé à cette dernière défaite après laquelle un homme, aussi misérable qu'il soit, peut commencer l'apprentissage de la sainteté.

« Le sacrifice, selon Dieu, est-il écrit, dans le psaume 1, c'est un esprit brisé. Le cœur contrit, humilié, ô Dieu ! vous ne le mépriserez jamais ! »

*
**

Il arrive un moment, dans la vie du romancier, où, après s'être battu chaque année avec de nouveaux personnages, il finit par découvrir que c'est souvent le même qui reparaît d'un livre à l'autre. Et, en général, les critiques s'en aperçoivent avant lui. C'est peut-être le moment le plus dangereux de sa carrière, lorsqu'on l'accuse de se répéter, lorsqu'on lui insinue, avec plus ou moins de formes, qu'il serait temps pour lui de se renouveler.

Je crois qu'un romancier ne doit pas se laisser impressionner outre mesure par cette mise en demeure. Et, d'abord, ce qui distingue les romanciers les plus puissants, c'est évidemment le nombre de types qu'ils inventent ; mais ceux-là aussi qu'il s'agisse de Balzac, de Tolstoï, de Dostoïevsky ou de Dickens, en créent beaucoup moins qu'ils n'écrivent de romans : je veux dire que, d'un livre à l'autre, on peut suivre les mêmes types humains. Prenez l'idiot de Dostoïevsky, je me fais fort de découvrir son presque semblable, son frère, dans chacune des œuvres du grand romancier. Et, pour prendre un autre exemple tiré d'un animal infiniment plus petit, je me suis avisé que, sans que je l'aie en rien voulu, le héros du *Nœud de vipères* rappelle trait pour trait celui de *Genitrix*.

Est-ce à dire que je me sois répété ? Je prétends que non. C'est peut-être le même personnage, mais placé dans des conditions de vie différentes. Dans *Genitrix*, je l'avais confronté avec une mère passionnée ; dans *Le Nœud de vipères*, je l'imagine époux, père de famille, aïeul, chef d'une tribu. Bien loin d'accuser le romancier de se répéter, et au lieu de le pousser au renouvellement par des procédés artificiels, et en changeant arbitrairement de manière, j'estime qu'il faut admirer ce pouvoir qu'il a de créer des êtres capables de passer d'une destinée à une autre, d'un roman dans un autre, et qui, supérieurs aux créatures vivantes, peuvent recommencer leur vie dans des conditions nouvelles.

Cet homme, dont le type m'obsède et qui renaît sans cesse, même si je l'ai tué à la fin d'un livre, pourquoi lui refuser ce qu'il m'appartient de lui accorder : une autre existence, des enfants et des petits-enfants s'il n'en a pas eu ? Je lui donne une nouvelle chance... Avec moi, je reconnais que ce n'est pas beaucoup dire... Mais il y a tellement de manières, pour un héros de roman, comme pour chacun de nous hélas! d'être malheureux et de faire souffrir les autres! Beaucoup de livres ne suffisent pas à les décrire.

***

Quand on me somme de me renouveler, je me dis à part moi que l'essentiel est de se renouveler en profondeur; sans changer de plan, on peut creuser plus avant. Si vous vous plaignez que le héros du *Nœud de vipères*, en dépit des circonstances différentes, ressemble trop à celui de *Genitrix*, la critique ne me trouble pas parce que, dans le dernier en date de mes romans, je suis assuré d'être allé plus avant dans la connaissance de cet homme et d'être descendu plus profondément en lui. C'est une couche plus enfouie de son être que j'ai mise à jour.

Evidemment, c'est une tentation que nous connaissons tous: publier un livre qui ne ressemblerait en rien à ce que nous avons fait jusqu'ici. Quelquefois, je me suis demandé s'il me serait possible d'écrire un roman policier, un feuilleton, avec le seul souci de distraire le lecteur et de le tenir en haleine. Je le ferais peut-être, mais comme un pensum, et ce serait beaucoup moins réussi que les ouvrages des spécialistes qui ont l'habitude de ce travail.

— Vous ne parlez jamais du peuple, objectent les populistes.

Pourquoi se condamner à la description d'un milieu que l'on connaît mal ? A la vérité, il importe extrêmement peu de mettre en scène une duchesse, une bourgeoise ou une marchande des quatre-saisons : l'essentiel est d'atteindre la vérité humaine et un Proust l'atteint aussi bien par les Guermantes que par les Verdurin ; il la découvre aussi bien dans M. de Charlus que dans la servante Françoise, native de Combray. L'humain qu'il s'agit d'atteindre, cette nappe souterraine affleure aussi bien à la surface d'une vie mondaine que d'une vie besogneuse. Chacun de nous creuse à l'endroit où il est né, où il a vécu. Il n'y a pas les romanciers mondains et les romanciers populistes, il y a les bons romanciers et les mauvais romanciers. Donc, que chacun de nous exploite son champ aussi petit qu'il soit, sans chercher à s'en évader, si le cœur ne lui en dit pas, et répétons-nous, comme le bonhomme de La Fontaine, que c'est le fonds qui manque le moins.

Avouons-le, pourtant, le romancier souffre parfois de découvrir que c'est, en effet, toujours le même livre qu'il cherche à écrire et que tous ceux qu'il a déjà composés ne sont que les ébauches d'une œuvre qu'il s'efforce de réaliser sans y atteindre jamais. Ce n'est pas de renouvellement qu'il s'agit pour lui, mais, au contraire, de patience pour recommencer indéfiniment, jusqu'au jour où peut-être, enfin, il aura l'espérance d'avoir atteint ce qu'il s'obstinait à poursuivre depuis ses débuts. Les gens de lettres ont de la vanité, mais ils ont beaucoup moins d'orgueil qu'on ne pense. Je sais de nombreux romanciers qui, lorsqu'on leur demande quel est celui de leurs livres qu'ils aiment le mieux, ne savent que répondre, tant leurs œuvres déjà publiées leur apparaissent comme des indications plus ou moins intéressantes, mais comme des épreuves manquées, des ébauches abandonnées du chef-d'œuvre inconnu qu'ils n'écriront peut-être jamais.

**
*

Derrière le roman le plus objectif, s'il s'agit d'une belle œuvre, d'une grande œuvre, se dissimule toujours ce drame vécu du romancier, cette lutte individuelle avec ses démons et avec ses sphinx. Mais peut-être est-ce précisément la réussite du génie que rien de ce drame personnel ne se trahisse au-dehors. Le mot fameux de Flaubert : « Mme Bovary, c'est moi-même », est très compréhensible, — il faut seulement prendre le temps d'y réfléchir, tant à première vue l'auteur d'un pareil livre y paraît être peu mêlé. C'est que *Madame Bovary* est un chef-d'œuvre, — c'est-à-dire une œuvre qui forme bloc et qui s'impose comme un tout, comme un monde séparé de celui qui l'a créé. C'est dans la mesure où notre œuvre est imparfaite qu'à travers les fissures se trahit l'âme tourmentée de son misérable auteur.

Mais mieux valent encore ces demi-réussites, où le génie n'a pu obtenir cette synthèse de l'auteur et de son œuvre, que les ouvrages construits du dehors et à force d'adresse par un écrivain sans âme, — ou par un écrivain qui refuse de se donner, qui n'ose ou qui ne peut se donner tout entier à son ouvrage.

Que de fois, en lisant certains livres, ou en suivant le développement d'une œuvre, on aurait envie de crier à l'auteur :

— Abandonnez-vous, sacrifiez-vous, ne calculez pas, ne vous ménagez pas, ne pensez ni au public, ni à l'argent, ni aux honneurs.

La vie de tous les romanciers, quels qu'ils soient, s'ils sont vraiment grands, finit par se ramener à la lutte souvent mortelle qu'ils soutiennent contre leur œuvre. Plus elle est puissante, et mieux elle les domine. Elle leur impose, parfois, son épouvantable hygiène, car ce qui sert l'œuvre tue souvent le romancier. Les uns, comme Flaubert, sont condamnés par leur œuvre à une détention perpétuelle hors de la vie, et d'autres, comme Proust, lui communiquent leur dernier souffle et jusque dans l'agonie la nourrissent encore de leur substance.

Dès que l'œuvre naît d'un malade, comme ce fut le cas pour Flaubert et pour Proust, elle a partie liée avec la maladie et la tourne à ses propres fins. Pascal disait de la maladie qu'elle est l'état naturel du chrétien ; on pourrait le dire beaucoup plus justement des romanciers. L'épilepsie de Flaubert, l'asthme de Proust, les isolent du monde, les cloîtrent, les tiennent prisonniers entre une table et un lit. Mais tandis que le premier cherche une échappatoire dans les livres, Proust, lui, sait qu'un monde est enfermé avec lui-même dans cette chambre : il sait qu'entre ces quatre murs de liège son pauvre corps, secoué par la toux, a plus de souvenirs que s'il avait mille ans et qu'il porte en lui, qu'il peut arracher de lui des époques, des milieux sociaux, des saisons, des campagnes, des chemins, tout ce qu'il a connu, aimé, respiré, souffert ; tout cela s'offre à lui dans la chambre enfumée d'où il ne sort presque plus.

Mais la maladie n'impose pas seulement des conditions de vie propres au travail. L'épilepsie de Dostoïevsky marque profondément tous ses personnages d'un signe qui les fait reconnaître d'abord, et c'est elle qui imprime à l'humanité qu'il a créée son caractère mystérieux. Tous les travers, toutes les déviations du créateur, s'il a du génie, l'œuvre les utilise aussi ; elle en profite pour s'élargir dans des directions où personne encore ne s'était aventuré. La loi de l'hérédité, qui régit la famille humaine, joue aussi entre l'écrivain et les fils imaginaires de son esprit ; mais, si j'en avais le temps et l'audace, je m'efforcerais de montrer que, dans l'univers romanesque, il arrive que les tares du créateur, bien loin de leur nuire, enrichissent les êtres qu'il enfante.

En revanche, quand le romancier est un homme physiquement puissant et équilibré, comme le fut, par exemple, Balzac, il semble que l'œuvre n'ait de cesse qu'elle n'ait détruit le géant qui l'enfanta. le monde qu'a soulevé Balzac est retombé sur lui et l'a écrasé. Et, si elle n'arrive à bout de le tuer, l'œuvre fait du créateur un être au-dessus des autres ; elle lui communique des exigences, des aspirations qui ne s'adaptent plus aux conditions ordinaires de la vie : Tolstoï s'est marié lorsqu'il n'était encore qu'un homme comme les autres, il a fondé une famille ; mais, à mesure qu'il devenait plus grand, que sa doctrine prenait corps, qu'il sentait le monde attentif à ses moindres gestes, sa vie de famille devint peu à peu cet enfer atroce.

Pourtant, ne nous frappons pas outre mesure : c'est là le sort des très grands et, en réalité, les œuvres de la plupart d'entre nous ne sont pas si redoutables. Bien loin de nous dévorer, elles nous mènent, par des chemins fleuris, devant des auditoires charmants et vers des honneurs appréciés. Nous savons d'autant mieux apprivoiser le monstre, nous savons d'autant mieux le domestiquer qu'il est moins vigoureux... Hélas! dans bien des cas, est-il même vivant? Qu'avons-nous à redouter d'un monstre empaillé? Le romancier qui fabrique en série des personnages de carton peut dormir sur ses deux oreilles. Il arrive, d'ailleurs, qu'il en ait autrefois créé de vivants, mais notre œuvre meurt souvent avant nous-mêmes et nous lui survivons, misérables, comblés d'honneurs et déjà d'oubli.

*
**

Je souhaiterais que ces lignes inspirassent à l'égard du roman et des romanciers un sentiment complexe, — complexe comme la vie même que c'est notre métier de peindre. Ces pauvres gens dont je suis méritent quelque pitié et peut-être un peu d'admiration, pour oser poursuivre une tâche aussi folle que de fixer, d'immobiliser dans leurs livres le mouvement et la durée, que de cerner d'un contour précis nos sentiments et nos passions, alors qu'en réalité nos sentiments sont incertains et que nos passions évoluent sans cesse. C'est aussi qu'en dépit de la leçon de Proust nous nous obstinons à parler de l'amour comme d'un absolu, alors qu'en réalité les personnes que nous aimons le plus nous sont, à chaque instant, profondément indifférentes et qu'en revanche, et malgré les lois inéluctables de l'oubli, aucun amour ne finit jamais tout à fait en nous.

De l'homme ondoyant et divers de Montaigne, nous faisons une créature bien construite, que nous démontons pièce par pièce. Nos personnages raisonnent, ont des idées claires et distinctes, font exactement ce qu'ils veulent faire et agissent selon la logique, alors qu'en réalité l'inconscient est la part essentielle de notre être et que la plupart de nos actes ont des motifs qui nous échappent à nous-mêmes. Chaque fois que dans un livre nous décrivons un événement tel que nous l'avons observé dans la vie, c'est presque toujours ce que la critique et le public jugent invraisemblable et impossible. Ce qui prouve que la logique humaine qui règle la destinée des héros de roman n'a presque rien à voir avec les lois obscures de la vie véritable.

Mais cette contradiction inhérente au roman, cette impuissance où il est de rendre l'immense complexité de la vie qu'il a mission de peindre, cet obstacle formidable, s'il n'y a pas moyen de le franchir, n'y aurait-il pas, en revanche, moyen de le tourner ? Ce serait, à mon avis, de reconnaître franchement que les romanciers modernes ont été trop ambitieux. Il s'agirait de se résigner à ne plus faire concurrence à la vie. Il s'agirait de reconnaître que l'art est, par définition, arbitraire et que, même en n'atteignant pas le réel dans toute sa complexité, il est tout de même possible d'atteindre des aspects de la vérité humaine, comme l'ont fait au théâtre les grands classiques, en usant pourtant de la forme la plus conventionnelle qui soit : la tragédie en cinq actes et en vers. Il faudrait reconnaître que l'art du roman est, avant tout, une *transposition* du réel et non une *reproduction* du réel. Il est frappant que plus un écrivain s'efforce de ne rien sacrifier de la complexité vivante, et plus il donne l'impression de l'artifice. Qu'y a-t-il de moins naturel et de plus arbitraire que les associations d'idées dans le monologue intérieur tel que Joyce l'utilise ? Ce qui se passe au théâtre pourrait nous servir d'exemple. Depuis que le cinéma parlant nous montre des êtres réels en pleine nature, le réalisme du théâtre contemporain, son imitation servile de la vie, apparaissent, par comparaison, le comble du factice et du faux ; et l'on commence à pressentir que le théâtre n'échappera à la mort que lorsqu'il aura retrouvé son véritable plan, qui est la poésie. La vérité humaine, mais par la poésie.

*
**

De même le roman, en tant que genre, est pour l'instant dans une impasse. Et bien que j'éprouve personnellement pour Marcel Proust une admiration qui n'a cessé de grandir d'année en année, je suis persuadé qu'il est, à la lettre, inimitable et qu'il serait vain de chercher une issue dans la direction où il s'est aventuré. Après tout, la vérité humaine qui se dégage de *La Princesse de Clèves*, de *Manon Lescaut*, d'*Adolphe*, de *Dominique* ou de *La Porte étroite*, est-elle si négligeable ? Dans cette classique *Porte étroite* de Gide, l'apport psychologique est-il moindre que ce que nous trouvons dans ses *Faux Monnayeurs*, écrits selon l'esthétique la plus récente ? Acceptons humblement que les personnages romanesques forment une humanité qui n'est pas une humanité de chair et d'os, mais qui en est une image transposée et stylisée. Acceptons de n'y atteindre le vrai que par réfraction. Il faut se résigner aux conventions et aux mensonges de notre art.

On ne pense pas assez que le roman qui serre la réalité du plus près possible est déjà tout de même menteur par cela seulement que les héros s'expliquent et se racontent. Car, dans les vies les plus tourmentées, les paroles comptent peu. Le drame d'un être vivant se poursuit presque toujours et se dénoue dans le silence. L'essentiel, dans la vie, n'est jamais exprimé. Dans la vie, Tristan et Yseult parlent du temps qu'il fait, de la dame qu'ils ont rencontrée le matin, et Yseult s'inquiète de savoir si Tristan trouve le café assez fort. Un roman tout à fait pareil à la vie ne serait finalement composé que de points de suspension. Car, de toutes les passions, l'amour, qui est le fond de presque tous nos livres, nous paraît être celle qui s'exprime le moins. Le monde des héros de roman vit, si j'ose dire, dans une autre étoile, — l'étoile où les êtres humains s'expliquent, se confient, s'analysent la plume à la main, recherchent les scènes au lieu de les éviter, cernent leurs sentiments confus et indistincts d'un trait appuyé, les isolent de l'immense contexte vivant et les observent au microscope.

Et cependant, grâce à tout ce trucage, de grandes vérités partielles ont été atteintes.

Ces personnages fictifs et irréels nous aident à nous mieux connaître et à prendre conscience de nous-mêmes. Ce ne sont pas les héros de roman qui doivent servilement être comme dans la vie, ce sont, au contraire, les êtres vivants qui doivent peu à peu se conformer aux leçons que dégagent les analyses des grands romanciers. Les grands romanciers nous fournissent ce que Paul Bourget, dans la préface d'un de ses premiers livres, appelait des planches d'anatomie morale. Aussi vivante que nous apparaisse une créature romanesque, il y a toujours en elle un sentiment, une passion que l'art du romancier hypertrophie pour que nous soyons mieux à même de l'étudier ; aussi vivant que ces héros nous apparaissent, ils ont toujours une signification, leur destinée comporte une leçon, une morale s'en dégage qui ne se trouve jamais dans une destinée réelle toujours contradictoire et confuse.

Les héros des grands romanciers, même quand l'auteur ne prétend rien prouver ni rien démontrer, détiennent une vérité qui peut n'être pas la même pour chacun de nous, mais qu'il appartient à chacun de nous de découvrir et de s'appliquer. Et c'est sans doute notre raison d'être, c'est ce qui légitime notre absurde et étrange métier que cette création d'un monde idéal grâce auquel les hommes vivants voient plus clair dans leur propre cœur et peuvent se témoigner les uns aux autres plus de compréhension et plus de pitié.

Il faut beaucoup pardonner au romancier, pour les périls auxquels il s'expose. Car écrire des romans n'est pas de tout repos. Je me souviens de ce titre d'un livre : *L'Homme qui a perdu son Moi*. Eh bien, c'est la personnalité même du romancier, c'est son « moi » qui, à chaque instant, est en jeu. De même que le radiologue est menacé dans sa chair, le romancier l'est dans l'unité même de sa personne. Il joue tous les personnages ; il se transforme en démon ou en ange. Il va loin, en imagination, dans la sainteté et dans l'infamie. Mais que reste-t-il de lui, après ses multiples et contradictoires incarnations ? Le dieu Protée, qui, à volonté, change de forme, n'est, en réalité, personne, puisqu'il peut être tout le monde. Et c'est pourquoi, plus qu'à aucun autre homme, une certitude est nécessaire au romancier. A cette force de désagrégation qui agit sur lui sans répit, — nous disons : sans répit, car un romancier ne s'interrompt jamais de travailler, même et surtout quand on le voit au repos, — à cette force de désagrégation, il faut qu'il oppose une force plus puissante, il faut qu'il reconstruise son unité, qu'il ordonne ses multiples contradictions autour d'un roc immuable ; il faut que les puissances opposées de son être cristallisent autour de Celui qui ne change pas. Divisé contre lui-même, et par là condamné à périr, le romancier ne se sauve que dans l'Unité, il ne se retrouve que quand il retrouve Dieu.

II

L'ÉDUCATION DES FILLES

Lorsqu'on m'a demandé d'exposer mes idées sur l'éducation des filles, je me suis aperçu qu'il ne m'était pas arrivé, dans toute ma vie, de consacrer une heure à réfléchir sur ce grave sujet. Quand j'ai eu des filles en âge d'être instruites, elles ont été au couvent, comme j'avais toujours vu faire dans ma famille, et l'une d'elles porte le même ruban de sagesse, d'un bleu un peu passé, qui avait déjà servi à leur arrière-grand-mère. Mais c'est justement parce que j'ignorais tout de la question que j'ai accepté de la traiter. C'était, en effet, une occasion inespérée de l'étudier pour mon propre compte.

Ayant donc cherché à découvrir ce que je pensais de l'éducation des filles, je me suis avisé que ce problème dépendait d'un autre beaucoup plus important, et qu'il faudrait d'abord chercher quelle idée nous nous faisons de la femme en général. Car il ne sert à rien de construire des systèmes en l'air : l'idée que nous nous faisons de la nature féminine commande évidemment nos opinions touchant l'éducation des filles.

Le sujet est si brûlant qu'il n'y a, me semble-t-il, qu'une manière de s'en tirer : c'est de se garder de toute théorie préconçue ; c'est d'interroger sa propre expérience, la plus immédiate, la plus concrète, au risque de paraître affreusement banal et d'avoir l'air, à chaque instant, de découvrir l'Amérique.

***

Quand j'étais enfant, il y avait, devant la maison de mes grandes vacances, une prairie et, au-delà de cette prairie, une route presque toujours déserte. Le dimanche après-midi, pourtant, je regardais passer les groupes de paysans qui regagnaient leurs métairies perdues dans les pins. Or, ceci me frappait : les hommes avançaient, les bras ballants, balançant leurs mains énormes et vides. Les femmes suivaient, chargées comme des ânesses de paquets et de paniers.

Quand nous visitions une métairie, il m'arrivait souvent d'entendre les parents se plaindre de ce qu'ils n'arrivaient pas à faire le travail, ils attendaient avec impatience que leur fille eût quinze ans et trois mois, pour qu'elle pût se marier et leur fournir un travailleur de plus. Telle était l'unique raison d'être des filles : amener un ouvrier adulte dans la maison. Aussi, à peine avait-elle atteint l'âge requis que nous nous étonnions de voir arriver, précédée du violon et habillée de blanc, la petite métayère qui était encore une enfant. Il est vrai que si, très peu de temps après, alors que nous traversions un champ de millade, une créature sans âge se redressait pour répondre à notre salut, nous avions peine à reconnaître, dans cette femme déjà détruite, la petite fille de naguère. Tandis que l'homme résinait les pins, les femmes étaient chargées de travailler aux champs, ce qui était beaucoup plus pénible. Et, bien entendu, elles assumaient tous les soins du ménage : j'ai connu une paysanne qui, dans toute sa vie, ne s'était jamais assise pour manger, sauf aux repas de noce et d'enterrement. Rien n'interrompait leur tâche mortelle, pas même les grossesses. A peine délivrées, la plupart recommençaient de trimer, sans prendre les quelques jours de repos nécessaire. Beaucoup mouraient ; c'était la seule manière pour elles de s'arrêter. Les autres traînaient jusqu'à la fin de leur vie toutes les misères qu'il est facile d'imaginer.

Il est probable, il est même certain que les choses ont changé aujourd'hui ; mais j'avoue que rien ne m'étonne plus que le scandale suscité chez nous par tout ce qu'on nous raconte de l'Inde et de la condition misérable des femmes hindoues.

**

On me dira qu'il ne s'agit ici, en tout cas, que des paysans. Mais, dans la moyenne bourgeoisie provinciale et campagnarde, c'était bien la même loi qui pesait sur la femme. Sans doute, la bourgeoise échappait-elle à l'obligation du travail ; elle n'en demeurait pas moins sujette, étroitement confinée dans son intérieur. Les servantes et les enfants formaient tout son univers. Une femme dont on disait : « Elle n'est jamais chez elle », était déjà une personne mal vue. Elle n'était pas « comme il faut ». J'aurais pu connaître, dans mon enfance, une dame à qui son mari ne permettait de regarder la fête du village qu'à travers la vitre, en soulevant le coin du rideau. Ces messieurs allaient à leurs affaires, au café, se rendaient, plusieurs fois dans la semaine, au chef-lieu, se permettaient de petites débauches. Cela ne concernait en rien les dames : leur seigneur échappait à tout jugement. Trop heureuses si le menu lui agréait et s'il ne trouvait pas le gigot trop cuit. Pour le reste, une femme n'a pas besoin d'en savoir trop long. Et, si la dame qui n'était jamais chez elle faisait jaser, que dire de celle qui avait l'audace d'aimer la lecture ? Il existe encore des familles où une femme qui lit beaucoup inquiète et scandalise.

Sortant peu, les bourgeoises de la campagne engraissaient vite et, pour d'autres raisons que les métayères, devenaient très tôt des femmes sans âge. Lorsque nous feuilletons, dans un salon de province, quelque vieil album de famille, entre tous ces portraits jaunis, nous trouvons très peu de ce qu'on appelle dans le monde une jeune femme. On nous montre une grand-mère :

— Elle avait vingt-deux ans ; c'était après la naissance d'oncle Paul...

Vingt-deux ans ! cette grosse dame vénérable ! A peine mariée et mère de famille, la bourgeoise devenait sans transition une personne épaisse, vêtue d'étoffes sombres, — d'ailleurs presque toujours en deuil : dans les familles de province, une réglementation implacable condamnait la plupart des femmes au crêpe perpétuel : six mois le voile devant, dix-huit mois le voile derrière ; l'épaisseur, la longueur de la voilette, étaient réglementées avec minutie. Et l'opinion publique ne laissait passer aucune infraction aux règles établies. Grands-parents, grands-oncles, se relayaient d'année en année et mouraient à point pour que les jeunes femmes ne quittassent jamais le noir.

Cela n'avait pas d'importance : une femme mariée ne doit plus plaire, ne doit plus essayer de plaire, sauf à son mari. Sans doute, il y avait, comme il y a toujours eu, ce qui s'appelle les femmes du monde, celles qui règnent, celles qui brillent et qui voient les hommes à leurs pieds. Comme c'est presque toujours d'elles qu'il est question dans les mémoires, dans les romans et au théâtre, quand on dit « la femme », on pense à la grande dame, toujours la même, telle qu'elle nous est montrée, de Saint-Simon à Balzac et de Bourget à Proust. Mais, s'il s'agit de chercher, dans la condition naturelle de la femme, des principes d'éducation féminine, ce qu'il est convenu d'appeler « la grande dame » doit être justement ce qui nous intéresse le moins. Créature d'exception qui, par sa naissance ou par sa fortune, se meut dans un milieu où les lois sont renversées et où c'est la femme qui règne, ou, du moins, qui a l'air de régner. Je dis : qui a l'air de régner, car, dès qu'elle rentre dans la nature, — grâce à l'amour, par exemple, — la loi de l'homme a bientôt fait de l'asservir comme ses plus humbles sœurs. Le protocole qui, dans le monde, règle les rapports de l'homme et de la femme, et qui semble tout accorder à la femme, les amoureuses savent ce qu'il en reste à certaines heures et quel tyran redoutable se dissimule sous cet homme bien élevé qui, en public, leur manifeste tant de respect.

Et, sans doute, je simplifie à outrance, je grossis les traits à dessein, car il ne s'agit pas ici d'exprimer le réel tel qu'il est, mais l'image déformée que, dès l'enfance, j'en recevais malgré moi. Ce sentiment tragique de la sujétion, de l'asservissement des femmes, commande évidemment mes idées plus ou moins confuses touchant leur éducation. (Il va sans dire que, dans d'innombrables cas, la situation est renversée : souvent, la femme est forte, virile et, dans le couple, c'est elle qui est l'homme ; et son débile compagnon subit le joug, sert et obéit.)

Mais surtout, à cette loi d'airain que l'homme fait peser sur la femme, une autre loi s'oppose, la loi qui soumet, au moins pendant quelque temps, celui qui aime plus à celle qui aime moins, le plus fort à la plus faible. Pendant quelque temps, dis-je. En dépit de tout ce que l'on peut dire de la passion amoureuse chez l'homme, il reste qu'elle ne dure presque jamais. « En amour, dit une héroïne de Maurice Donnay, c'est toujours la femme qui expie. » Oui, c'est presque toujours la femme qui est vaincue ; c'est en elle que rien ne peut finir. Elle préfère les pires traitements à l'abandon, et souvent elle souffre tout plutôt que de perdre son bourreau.

*
**

La prodigieuse puissance de la femme pour s'attacher, même et surtout à qui la martyrise, voilà ce dont l'éducateur doit d'abord tenir compte. Dans la réalité, les enfants viennent à point pour attirer sur eux, pour fixer cet excès de passion. Aussi nombreux qu'ils soient, ils n'arrivent pas à l'épuiser.

Faut-il dire que les enfants délivrent la femme de l'homme ? La vérité est qu'elle passe d'un joug à un autre joug. Dans les familles nombreuses du peuple et de la bourgeoisie moyenne, comme j'en ai tant vu autour de moi, la mère est à la lettre dévorée vivante, consumée à petit feu. Au long de ces années où, à peine relevée, la femme est de nouveau enceinte, elle ne peut compter sur aucun repos. Toutes les maladies que les enfants se passent l'un à l'autre, les mois d'oreillons, de coqueluches, les nuits de veille à guetter les quintes de toux... Qui de nous n'a dans son souvenir ces nuits de fièvre où nous regardions au plafond l'auréole de feu de la veilleuse, où une main relevait nos cheveux, se posait sur notre front brûlant ; une petite cuiller tintait contre la tasse. Au milieu du brasier de la fièvre, nous nous sentions merveilleusement défendus, protégés, sauvés. Mais celle qui nous soignait donnait sa vie à chaque instant. Dans les bonnes familles nombreuses, combien avons-nous vu de jeunes femmes qui sont mortes à la tâche !

Sans doute avons-nous connu beaucoup d'autres familles où il n'y avait qu'un seul enfant. La mère en était-elle beaucoup plus libre ? Elle retombait sous le pouvoir d'un seul, et qui souvent faisait sentir plus durement sa puissance que n'avait pu le faire le mari. Jusqu'où peut s'étendre, dans ces maisons de province, la tyrannie du fils unique, il est impossible de l'imaginer si on ne l'a pas vu. Je me souviens de celui qui ne consentait à manger sa soupe que sur le toit du parc à cochons ; un autre, le jour de la fête du village, exigeait que l'on dévissât l'un des chevaux de bois et qu'on l'apportât dans sa chambre. Je me rappelle ce petit garçon malade qui, tout le temps que dura sa maladie, obligeait sa bonne ou sa mère à demeurer au lit à côté de lui. Elles n'avaient le droit de se lever que pendant son sommeil.

A mesure qu'il grandit, l'enfant-tyran

devient lui-même peu à peu l'esclave de sa mère-esclave ; il ne peut plus se passer de sa victime ; il la tourmente, mais il lui est asservi. C'est le drame si commun en France, et en particulier dans le midi de la France, que j'ai raconté dans *Genitrix*.

***

Telle est la femme, possédée par cette terrible puissance d'attachement qui l'asservit à ce qu'elle aime, homme ou enfant, et à laquelle doit toujours penser l'éducateur. Cette puissance d'attachement, même en province où l'opinion est si forte et si oppressive, le mari ni même les enfants n'arrivent pas toujours à la fixer. Malheur à celles que l'amour entraîne loin du droit chemin ! Même aujourd'hui, il ne faut pas qu'une femme aille bien loin pour qu'on dise qu'elle est une femme perdue. J'en sais qui se perdent parce qu'elles n'en peuvent plus de s'entendre calomnier : « Au moins, maintenant, disent-elles, le mal qu'on dit de moi sera vrai. » Contre les brebis perdues, les femmes se font avec acharnement les complices des hommes.

Elles sont plus impitoyables qu'eux ; elles ne souffrent pas qu'une de leurs sœurs échappe à la loi de l'homme, et c'est leur revanche de voir que la rebelle a quitté le joug du mariage et de la maternité, pour en subir un autre plus ignominieux : celui dont l'homme charge les épaules de celles qui servent à ses plaisirs.

A celles-là, aussi, ne croit-on pas que l'éducateur doive penser ? La déchéance officielle et réglementée d'une foule immense de créatures est une de ces horreurs auxquelles nous sommes si accoutumés que nous ne la voyons même plus. La réprobation temporelle — et considérée comme nécessaire à l'équilibre social — d'une foule immense de femmes, voilà un beau sujet à méditer pour qui veut écrire un traité sur l'éducation des filles. Cet abîme ouvert sous le pas des jeunes filles, cet abîme dont les abords sont si charmants, ce trou immonde dont presque aucune n'est jamais remontée, il ne sert à rien de feindre de ne pas le voir, et nous devons tenir compte, dans nos conclusions, de la terrible puissance d'abaissement qui se trouve dans la femme.

Quand j'interroge mes souvenirs de provincial, j'évoque telle jeune femme qui, soudain, disparaissait.

— On ne peut plus la voir, disait-on. C'est une femme qu'on ne peut plus voir… Elle n'est plus reçue nulle part…, tout le monde lui tourne le dos…

— Croyez-vous, disait quelqu'un, qu'elle a eu le front de venir à moi, de m'adresser la parole!…

J'entendais comme le bruit sourd d'une trappe qui se refermait sur cette destinée.

Il arrivait, il arrive encore chaque jour, que le pauvre être pris au piège s'affole, se porte à des extrémités terribles, et d'autant plus sûrement qu'elle fut, jusqu'à sa chute, ce qu'on appelle une honnête femme, qu'elle n'a pas l'expérience du mal, qu'elle ne sait pas, comme tant de créatures réellement corrompues, exploiter avec prudence ses passions.

Récemment, à la cour d'assises, j'en ai vu un exemple effroyable. Au banc des accusés, une bourgeoise stupéfaite de se trouver là, qui avait été pendant près de vingt années une épouse irréprochable. Parce qu'elle n'avait pas l'expérience du mal, elle est tombée dans tous les traquenards tendus. Tout s'est retourné contre elle, et même ce qui aurait dû servir sa cause. Il ne lui a servi de rien d'avoir résisté longtemps à celui qui l'avait poursuivie, harcelée, qui l'avait arrachée à son foyer par de fausses promesses. Pendant tout le débat, personne ne s'est élevé contre son séducteur. Lui était resté dans les règles du jeu. Il est entendu, une fois pour toutes que les hommes ont le droit de chasse. Au gibier féminin de se garder. Hélas! il arrive tous les jours que la bête aux abois soudain fasse front, devienne féroce, ou bien se rue sournoisement contre le chasseur désarmé et endormi.

*
**

Ce sont là des exceptions, dira-t-on, et qui ne doivent pas retenir l'éducateur. Il suffit de lire les journaux pour s'assurer du contraire. Mais les drames qui n'éclatent pas, qu'on ne connaît pas, sont plus nombreux encore. Dieu sait tout ce qui est enseveli dans le secret des familles ! Ma Thérèse Desqueyroux a d'innombrables sœurs.

Sans doute, existe-t-il nombre de femmes dont la vie, bien que très agitée, et même très scandaleuse, n'offre rien de tragique. Mais je crois que, sauf exception, c'est là un privilège du monde et dont les femmes de la bourgeoisie moyenne et de la province auraient tort de se réclamer. Mener la vie la plus libre, et même la plus corrompue, tout en gardant sa place dans la société, c'est là un art difficile, un art olympien qu'ont pratiqué à toutes les époques les femmes de premier plan et parmi les plus glorieuses, mais qui est rarement à la portée des simples mortelles.

Poursuivant mon enquête à travers mes plus lointains souvenirs, j'interroge d'autres visages de femmes, qui, elles aussi, subissaient la loi de l'homme ; mais, si j'ose dire, elles la subissaient négativement ; toutes celles dont l'homme s'écarte, qu'elles soient disgraciées ou qu'elles soient pauvres, ou pour l'une de ces mystérieuses raisons de famille que la raison ne connaît pas. Tout le monde jugeait cela naturel; elles étaient hors du jeu; on les mettait hors du jeu d'office.

Ce qui est étrange, c'est que celles à qui je songe, ces vieilles filles de mon enfance, dont on ne parlait guère que pour en sourire, plusieurs d'entre elles ne m'apparaissent pas avec un visage tragique ni désespéré; tristes, sans doute, mais comme baignées d'une lumière qui venait du plus profond d'elles-mêmes. Je pense à celle qui vivait dans un hameau perdu, au bord d'un champ de millade; elle soignait les malades, faisait le catéchisme, coiffait et habillait les mariées, veillait les morts et les ensevelissait.

Combien j'en ai connu, de ces humbles filles, auxquelles nul ne pensait jamais que lorsqu'on avait besoin de leurs services! J'ai passé chez l'une d'elles de calmes journées de vacances, dans un salon un peu humide. Sur le canapé de reps rouge, je feuilletais *Les Veillées des chaumières* ; je lisais *Les Pieds d'argile* et *Armelle Trahec*, de Zénaïde Fleuriot. J'avais obscurément conscience d'une paix qui émanait de ces êtres que leur délaissement semblait enrichir. Elles n'avaient pas une minute à elles. Bien que l'on répétât, dans la famille : « Quelle pauvre vie inutile ! », on venait à chaque instant les déranger. Il y avait toujours quelque chose qu'elles seules pouvaient faire.

Tous les enfants les aimaient. Moi, du moins, je les aimais. C'étaient, entre toutes les grandes personnes, celles qui ne semblaient pas habiter un monde différent. Sans doute, avaient-elles profité du silence qui régnait dans leur vie, pour écouter une voix qu'il est bien difficile d'entendre dans le tumulte et dans l'agitation du monde. Elles avaient profité de leur solitude et de leur abandon pour découvrir un secret que le monde ne connaît plus. Elles avaient perdu leur vie, autant qu'on peut la perdre, et, l'ayant perdue, elles l'avaient sauvée. Je pense que l'éducateur doit se souvenir de ce qu'il a appris, lorsqu'il était enfant, de ces humbles filles, aujourd'hui endormies.

*
**

Tout cela, objecte-t-on, c'est le passé, un passé aboli. Depuis, la femme a secoué ses chaînes, la voilà l'égale de l'homme, son émule, sinon sa rivale, dans presque tous les domaines. En cherchant des principes pour l'éducation des filles dans les souvenirs que j'évoque, je risque de m'arrêter à un système désuet qui n'aura guère chance de convenir aux femmes d'aujourd'hui. Me voilà donc obligé de faire un aveu que j'ai reculé le plus possible parce que je sens qu'il va me rendre un peu ridicule et terriblement vieux jeu. Enfin, je prends mon courage à deux mains pour faire cette déclaration de principe: je ne crois pas aux conquêtes du féminisme. Qu'on me comprenne bien, je ne nie pas les grands changements qui sont survenus dans la condition des femmes; mais, ce que je nie, c'est que ce soient des conquêtes. A moins que l'on ne puisse dire qu'il y a des conquêtes forcées. Presque tout ce que la femme d'aujourd'hui a soi-disant obtenu elle y a été amenée de force par les circonstances. La profonde loi de son être, qui a fixé sa condition pendant des millénaires, demeure la même. Ce qui est survenu de nouveau depuis la guerre, — est-ce utile de répéter une énumération qui a été refaite cent fois ? — c'est la disproportion entre le nombre des femmes et celui des hommes ; c'est la ruine de la classe moyenne qui ne permet plus aux parents de subvenir indéfiniment aux besoins des filles, etc.

Oui, là est le grand changement. Il ne faut pas être très vieux pour se rappeler une époque, qui n'est pas très éloignée dans le temps, mais qui semble aujourd'hui dater de plusieurs siècles, où une bourgeoise qui travaillait était mal vue. On disait qu'elle se déclassait. Il existait des familles où un frère renonçait au mariage et ne pouvait fonder un foyer parce qu'il fallait subvenir aux besoins de ses sœurs : il importait à l'honneur de la famille qu'elles pussent tenir leur rang, c'est-à-dire avoir une bonne, un salon et un jour de réception, qui étaient les trois privilèges essentiels de la bourgeoise française d'avant la guerre.

Depuis, la bonne, le salon et le jour de réception ont été balayés par la nécessité. Il s'agit de se tirer d'affaire coûte que coûte. Il faut manger, s'habiller, vivre. Ainsi, un immense contingent féminin a reflué sur toutes les professions. Mais quelle étrange conquête! Les femmes sont chassées par le malheur des temps de ce qui était la raison d'être de la plupart, tout leur espoir, tout leur désir : un foyer, un mari, des enfants. Et on appelle cela une victoire! Ce qui devient très vite pour la plupart des hommes, à peine la première jeunesse passée, l'essentiel de leur vie : l'argent, la réussite, reste pour la plupart des femmes une dure nécessité, en attendant que l'amour les délivre. Quant à mener de front la vie professionnelle et la vie d'épouse et de mère, des créatures d'élite peuvent y réussir, et nous en connaissons plus d'une ; mais la plupart s'y épuisent ou n'y réussissent qu'en sacrifiant l'essentiel et qu'en renonçant à ce pourquoi elles ont été créées et mises au monde : la maternité.

***

La femme d'aujourd'hui, la femme affairée, et qui jette des bouts de cigarettes souillés de rouge, qui plaide, court les bureaux de rédaction, dissèque des cadavres, je nie que ce soit une conquérante. Autant qu'elle réussisse dans ces professions, elle n'y fait rien que faute de mieux, que faute de l'unique nécessaire dont elle est sevrée par une époque atroce.

Car la question n'est pas de savoir si les femmes peuvent ou non exceller dans les divers domaines qui étaient jusqu'aujourd'hui réservés aux hommes. Pour mon compte, j'admets fort bien que ni le talent ni le génie ne soient le privilège du sexe fort ; ce qui est surabondamment prouvé pour la poésie, pour le roman et pour les arts plastiques, le sera peut-être un jour dans les sciences. Qu'il y ait, et qu'il doive y avoir chaque jour en plus grand nombre des femmes remarquables dans toutes les branches de l'activité humaine, pour moi cela ne fait pas question.

Mais ce n'est pas d'une élite qu'il s'agit ici : considérons la femme moyenne, celle, par exemple, qui passe son bachot, sa licence, et dont les garçons ne laissent pas d'être jaloux. Il restera toujours ceci qu'à intelligence égale elle n'aborde la culture que faute de pouvoir suivre sa vocation naturelle. Elle me semble avoir moins de chance que son camarade masculin de s'y adonner avec désintéressement et de l'aimer pour elle-même.

Sans doute, au départ, la culture n'est-elle qu'un moyen pour tous les étudiants de l'un et l'autre sexe. Mais, pour les meilleurs, pour les plus doués parmi les garçons, elle a la chance de devenir peu à peu une fin. Ils s'y donnent en dehors de toute question de réussite ; elle constitue le seul climat où ils puissent vivre ; la vie intellectuelle, la vie spirituelle tend à devenir pour eux la vie véritable et l'unique réalité.

Chez une jeune fille également douée, la vie de l'esprit ne s'impose pas avec la même force. Elle s'y adonne faute de mieux. Il y a toujours une autre chose pour laquelle elle était faite, non inférieure certes, mais d'un autre ordre : ce que Pascal a appelé l'ordre de la charité, celui qui vaut infiniment plus que tous les corps ensemble et que tous les esprits ensemble. Il y a quelque chose d'infiniment plus beau que de dépasser les hommes dans tous les domaines : c'est de créer des hommes, de les porter, de les nourrir, de les élever au sens profond du mot, et, après les avoir enfantés à la vie de la chair, de les enfanter à la vie de l'esprit.

*
**

Si, pendant des siècles, la femme a subi la dure condition dont j'ai fait une peinture peut-être trop noire, c'est que, sans doute, c'était sa loi de préférer à tout l'attente anxieuse, la douleur, la mise au monde dans les larmes d'un petit enfant ; qu'elle préférait à tout de lui donner sa vie chaque jour jusqu'à ce qu'il fût devenu un homme et encore au-delà, car nos mères nous portent jusqu'à leur mort, et, quand elles nous ont quittés, à quelque âge que nous soyons, nous avons la sensation atroce de marcher seuls pour la première fois.

Aussi belle que puisse être la carrière d'une femme, il y aura toujours à la base une erreur, un manque. Mettons à part l'enseignement et, sans distinction de religion et de caste, tout ce qui ressemble à une maternité spirituelle. Mettons à part l'état religieux, où une jeune fille renonce à la maternité selon la chair, pour une maternité spirituelle ; où elle se fait la mère des enfants des autres, et de ces grands enfants malheureux que sont les malades ; où elle substitue aux angoisses de la mère de famille une immolation plus désintéressée, et dont le monde moderne ignore la valeur infinie. Mais, dans toute autre profession, aussi glorieusement que la femme occupe sa place, ce ne sera jamais tout à fait sa place. Il y aura toujours un moment où elle aura l'air d'être ailleurs que là où elle devrait être. Il n'y a pas d'uniforme possible pour les femmes : la toge ne leur va pas plus que ne leur irait l'habit vert ou la tenue militaire. En dehors des vêtements de charité, en dehors de la blouse d'infirmière ou des saints habits des servantes de Dieu et des pauvres, la femme, sous un vêtement officiel, aura toujours l'air déguisée. Ça ne lui va pas, ça ne lui ira jamais.

N'empêche que les nécessités de la vie moderne la condamneront de plus en plus à ces déguisements. De gré ou de force, il faut que la femme d'aujourd'hui se prépare à tenir une place qui ne lui était pas destinée. Mais, je le répète, le plus redoutable pour elles, c'est cette opinion qu'on leur inculque, cet article de foi, que la nécessité où elles se trouvent est une victoire remportée sur le sexe fort. Tout se passe comme si, dans une nuit du 4 Août, les privilèges des mâles avaient été abolis et que les femmes eussent conquis le droit d'être considérées comme des hommes.

Les hommes les ont prises terriblement

au mot. Elles connaissent aujourd'hui les délices de l'égalité. Il est entendu qu'il n'y a plus de faiblesse dans la femme, plus même, grâce aux sports, de faiblesse physique. Elle a maintenant le privilège de demeurer debout dans les voitures publiques ; on peut lui souffler la fumée d'un cigare dans la figure, lui demander de danser d'un clin d'œil et d'un mouvement d'épaules. Mais, surtout, on peut l'attaquer de front, même si elle est une jeune fille ; on suppose qu'elle a de la défense ; elle est libre d'accepter ou de refuser ; elle sait ce qu'elle a à faire ; aucun des deux partenaires n'engage plus que l'autre. Que l'éducateur pense bien à cela : ces enfants, ces petites filles, sont destinées à vivre dans un monde où, si elles ont le malheur de ne pas trouver un époux qui les protège et qui les garde, leur faiblesse ne les défendra plus ; un monde où l'égalité des chiens et des biches a été proclamée.

*
**

Seront-elles défendues par leur travail ?

Trouveront-elles leur sauvegarde sinon dans l'activité des affaires, du moins dans celle de l'esprit? Ici, nous nous heurtons de nouveau à la loi que j'énonçais tout à l'heure: il se trouve que ce qui leur importe, avant tout, c'est justement ce qui demeure en dehors de leurs occupations, de leur métier. Alors que presque tous les hommes mettent l'accent dans leur vie, sur l'argent, sur le pouvoir et, les meilleurs, sur la création artistique, sur la méditation, toutes choses qui passent de loin, à leurs yeux, les questions de sentiment, ces questions-là sont les seules qui paraissent importantes à un grand nombre de femmes: l'accessoire pour les uns demeure l'essentiel pour les autres. D'où ces malentendus tragiques dont nous voyons quotidiennement l'épilogue aux faits divers. Dans ce que l'homme prend pour une passade sans lendemain, la femme engage toute sa vie, et, dans sa stupeur, dans son désespoir d'avoir été dupe, elle assassine. Et ce qu'il y a de grave, c'est que l'âge, le plus souvent, durcit le cœur de l'homme, tandis que la plupart des femmes, même vieillies, demeurent des adolescentes toujours menacées. Cet être au visage d'enfant, comme l'appelle quelque part Claudel, a aussi un cœur incapable de vieillir.

Sans doute, j'insiste sur des exceptions et j'accorderai que, parmi les femmes d'aujourd'hui, beaucoup savent allier les vertus familiales aux exigences de la vie moderne. Au fond, le problème de l'éducation des filles se ramène à cet équilibre qu'il s'agit d'obtenir : qu'elles soient des femmes et des mères dignes de toutes celles dont nous sommes issus, mais qu'elles détiennent en plus des vertus de force, d'intelligence et d'adresse qui leur permettent, le cas, échéant, de se faire leur place au soleil.

***

Découvrirai-je le fond de ma pensée ? Tout ce que je viens d'écrire jusqu'ici me paraît à la fois vrai et faux, car on est toujours sûr de se tromper à demi et d'avoir à demi raison lorsqu'on parle de la femme. La femme n'existe pas, mais les femmes. Chaque enfant qu'il s'agit d'élever pose un problème unique à résoudre, et c'est pourquoi tout système est mauvais par cela seulement qu'il est un système et qu'il prétend avoir une valeur universelle. Rien n'est plus faux que de croire qu'un enfant est un terrain vierge où il nous sera loisible d'édifier ce qui nous plaira. Il n'est pas non plus une cire molle qui recevra docilement notre empreinte. Un enfant naissant est déjà terriblement vieux, déjà chargé de tendances, d'inclinations. Quant à se fier à la nature de l'enfant, à laisser faire la nature, il n'y faut pas songer : c'est le privilège des animaux de naître avec un réglage naturel : l'instinct, qui leur permet de subsister et de vivre. Le privilège de l'homme, c'est l'exercice de l'intelligence, de la raison qui doit dominer, régler les tendances obscures et contraires dont il est pétri. Pour élever l'enfant, nous n'avons pas le choix des matériaux ; nous ne pouvons, et dans une mesure très relative, qu'en tirer le moins mauvais parti possible.

Certes, ce ne serait pas trop que de consacrer à un seul enfant toute sa vie ; mais, justement, les enfants nous viennent lorsque nous sommes dans la force de l'âge et lorsque les nécessités de notre existence nous emportent. Ils sont, dans nos jeunes vies dévorées de soucis, d'ambitions, d'aspirations, ce qui nous occupe le moins, ce dont nous nous débarrassons, ce dont nous chargeons des personnes étrangères. D'ailleurs, est-ce un mal ? Qui oserait l'affirmer ? Le père de Blaise Pascal renonça à tout pour ne donner ses soins qu'à son merveilleux fils. Mais, ébloui par cet extraordinaire génie, tout occupé à lui fournir chaque jour sa ration de grec, de latin, de mathématiques et de philosophie, il en oublia le frêle corps qui était lié à ce prodigieux esprit ; et nous savons, par Mme Périer, le terrible retentissement d'un tel régime sur la santé de Blaise, laquelle en fut irréparablement détruite.

A vrai dire, filles ou garçons, ce ne sont pas les préceptes que nous leur donnons qui risquent d'impressionner beaucoup nos enfants. Ce qui compte, ce n'est pas ce que nous leur disons de temps en temps et avec solennité, mais c'est ce que nous faisons. Nous élevons nos enfants sans le savoir et en vivant. Nous avons dans nos maisons ces appareils enregistreurs qui ne laissent rien perdre. Ce qu'ils retiennent de l'ensemble de notre vie, c'est cela qui a le plus de pouvoir sur eux. Nos velléités de système, de programme comptent pour bien peu, à côté de la puissance de l'exemple.

***

Etant donné que la plupart des parents ne sont pas des saints, comme on comprend cette tendance des Anglais à écarter les enfants le plus possible de leur vie privée, à se cacher de ces témoins gênants qui ne sont pas des témoins passifs, mais qui s'adaptent, qui prennent de nous tout ce qui leur convient.

C'est vrai qu'il est bien inutile, pour la plupart d'entre nous, de s'interroger sur les inconvénients ou les avantages du système anglais qui, pour être appliqué, exige une grande maison, des précepteurs et un nombreux domestique, dont l'influence, d'ailleurs, a des chances d'être encore plus redoutable que la nôtre. Benjamin Constant, par exemple, apprit d'un de ses précepteurs la passion du jeu qui fut le malheur de sa vie. Mais il est très dangereux aussi que la vie des parents et des enfants soit aussi mêlée que nous la voyons chez nous. Ils nous jugent, nous observent quand nous nous surveillons le moins ; ils connaissent nos humeurs, assistent parfois à des scènes révélatrices. Ces petits êtres, déjà chargés de tant d'hérédités, font en quelque sorte le « plein », en se pénétrant, à la lettre, de nos actes et de nos paroles.

Aussi bien, nous pourrons discuter sur tel ou tel système d'éducation, mais, pratiquement, la plupart des parents éludent le problème. Nos enfants deviendront ce qu'ils pourront. L'essentiel, c'est d'abord qu'ils se portent bien : voilà le premier souci : « Tu es en nage, ne bois pas encore... Il me semble qu'il est un peu chaud : je vais prendre ta température... » Une des sensations de notre enfance à tous, c'est une main posée avec insistance sur notre front ; ce sont deux doigts glissés dans le col, et tout ce qu'il fallait avaler à jeun, ou à l'heure des repas, parce que nos parents avaient l'idée fixe de nous fortifier, et qu'il y a toujours un fortifiant nouveau, qui, du moins pendant quelques mois, fortifie plus que tous les autres !

D'abord, que les enfants se portent bien ; ensuite, qu'ils soient bien élevés : « Tiens-toi droit : tu es bossu... N'essuie pas ton assiette... Tu ne sais pas te servir de ton couteau ?... Ne te vautre pas comme ça... Les mains sur la table ! Les mains... pas les coudes... A ton âge, tu ne sais pas encore peler un fruit ?... Ne prends pas cet air stupide quand on te parle... » Oui, qu'ils soient bien élevés ! Et le sens que nous donnons tous à cette expression « bien élevés » montre jusqu'où nous l'avons abaissée. Ce qui compte, c'est ce qui paraîtra d'eux à l'extérieur, c'est leur façade du côté du monde. Pourvu qu'ils ne trahissent rien, au dehors, de ce que le monde n'accepte pas, nous jugeons que tout est pour le mieux.

***

Les seuls éducateurs dignes de ce nom, mais combien y en a-t-il ? ce sont ceux pour qui compte ce que Barrès appelait l'éducation de l'âme. Pour ceux-là, ce qui importe, dans cette jeune vie qui leur est confiée, ce n'est pas seulement la façade qui ouvre sur le monde, mais les dispositions intérieures, ce qui, dans une destinée, n'est connu que de la conscience et de Dieu.

Et, ici, il n'y a pas à établir de différence entre garçons et filles. Aussi lourde que soit l'hérédité d'un enfant, aussi redoutable que soient les passions dont il apportait le germe en naissant, nous avons fait pour lui tout le possible si nous avons réussi à le persuader, selon la saison, qu'une seule chose compte en ce monde : c'est de se perfectionner, c'est le perfectionnement intérieur. Introduire dans une jeune âme cette idée que cela seul importe qui est de bien vivre, non pas seulement aux yeux des autres, mais à ses propres yeux et devant ce regard intérieur qui voit l'envers de nos actes et qui connaît nos plus secrètes pensées.

Une fille est sauvée, qui entre dans la vie avec ce sentiment raisonné de ce que les héroïnes raciniennes appelaient leur gloire. Elle est sauvée, que ce souci de la perfection doive l'accompagner dans le mariage et dans la famille ou dans la solitude et dans toutes les difficultés de la vie. Et j'ajoute, en passant, que ce perfectionnement n'est pas une fin en soi, n'est pas à lui-même son propre but, mais qu'il est une route et qui mène à la vérité. Car ce n'est point d'abord la vérité qui nous rend meilleurs. Il faut d'abord devenir meilleur, pour mériter d'entrevoir la vérité.

Tout le problème de l'éducation tient dans la question que posait Nietzsche, sur un plan tout autre, d'ailleurs : « L'ennoblissement est-il possible ? » Mais, pour Nietzsche, nul ne pouvait recevoir cet ennoblissement que de soi-même. Nos fils et nos filles ne sont-ils pas assez nous-mêmes pour le recevoir de nous ? Nos enfants, ces petits étrangers sortis de nous, portent tout de même des marques où nous nous reconnaissons. Nous n'ignorons pas tout d'eux, puisque nous nous connaissons ; nous pouvons faire d'eux, dans une certaine mesure, dans une mesure très relative, une image retouchée de nous-mêmes. Et, nous seraient-ils tout à fait étrangers, il nous resterait à les atteindre indirectement, puisque c'est en nous perfectionnant nous-mêmes que nous les perfectionnons. Chaque victoire remportée dans notre vie morale a son retentissement dans nos fils ; mais cela encore n'est qu'à demi vrai, car combien de pères admirables sont déshonorés par leurs enfants et combien de fils graves et purs regardent avec tristesse l'homme indigne dont ils sont nés !

Car, il faut bien le dire, au sortir de l'enfance, la loi d'imitation semble le céder à la loi de contradiction. Il y a, chez nos fils et chez nos filles, vers la quinzième année, un obscur désir d'être différents, de ne pas ressembler à leurs parents, à ces êtres chéris sans doute, mais qu'ils jugent et qui, d'ailleurs, descendent déjà la côte. Et puis, quel homme est digne de la vérité qu'il représente et qu'il souhaite de transmettre à ses enfants ? La plupart des parents calomnient aux yeux de leurs fils le Dieu ou l'idée dont ils se réclament... Il n'empêche que, dans bien des cas, c'est, par un juste retour, la loi d'imitation qui finit par l'emporter sur l'autre. L'homme mûr qui songe à ses parents défunts cède au profond et inconscient désir de les faire revivre. Il imite leurs gestes, répète leurs paroles, s'applique à faire en toutes circonstances ce qu'ils auraient fait s'ils avaient été encore au monde. Un mot qu'on entend souvent dans les familles, sur un homme vieillissant, est celui-ci : « C'est étonnant comme il finit par ressembler à sa pauvre mère ! » Oui, nous finissons par ressembler à ceux qui, autrefois, nous paraissaient si loin de nous. Il y a une triste douceur à retrouver une inflexion de voix qui nous semble venir de bien plus loin que nous-mêmes, à capter certaines survivances qui nous donnent l'impression que, tant que nous serons encore là, quelque chose subsistera des bien-aimés qui se sont endormis. C'est un amer plaisir de ne pas admettre, de repousser certaines choses nouvelles, avec un entêtement qui n'est pas de nous, qui nous irritait autrefois chez nos parents, mais qui est comme une sorte de réparation envers ceux que notre jeunesse aimait à contredire et à scandaliser jusqu'à la souffrance.

***

Suis-je, en définitive, aussi ennemi que me l'ont fait dire certains journalistes de l'instruction chez les filles ? Il y a, sur ce point, un malentendu. Ce qui a toujours irrité, dans ce qu'il est convenu d'appeler le « bas bleu », la femme savante, c'est le côté intéressé de sa science. Chez beaucoup de femmes, il y a une tendance à considérer toute acquisition intellectuelle comme une chose à étaler, comme une chose qui la fait valoir. C'est un prolongement de sa coquetterie inguérissable. Etre au courant, être à la page, cela signifie utiliser bassement ce qu'il y a de plus beau au monde, en dehors de la sainteté, pour briller et pour se pousser. Beaucoup de femmes sont moins cultivées qu'elles ne sont barbouillées de culture ; elles se fardent, elles se poudrent de littérature et de philosophie. Et, pourtant, si nous goûtons le charme d'une femme qui a lu Spinoza, qui a subi l'influence de Nietzsche, ce peut bien être à cause de l'enrichissement qu'elle doit à la fréquentation de ces grands esprits, mais c'est aussi parce qu'elle ne nous en parle jamais. Ces débats intellectuels, qui sont le plus beau plaisir de la camaraderie et de l'amitié masculine, sont toujours insupportables avec une femme parce que le secret que nous attendons d'elle est d'un autre ordre. La plus érudite n'a rien à nous apprendre, si elle n'oublie d'abord ce qu'elle sait pour nous initier à ce qu'elle éprouve, à ce qu'elle devine, à ce qu'elle ressent, à ce qu'elle pressent.

Je crois pourtant que, sur un plan très élevé, la culture de la femme doit être utilitaire et s'étendre à tout ce qui sert à l'enrichissement de sa vie spirituelle. On voit dans quel sens je souhaiterais orienter ses lectures : vers les moralistes, vers les psychologues, vers les mystiques. Attend-on de moi que j'aie l'héroïsme de leur interdire la lecture des romans ? Fénelon, sur ce point, est implacable.

« Elles se passionnent, écrit-il, pour des romans, pour des comédies, pour des récits d'aventures chimériques où l'amour profane est mêlé. Elles se rendent l'esprit visionnaire en s'accoutumant au langage magnifique des romans. Elles se gâtent même par là pour le monde, car tous ces beaux sentiments en l'air, toutes ces passions généreuses, toutes ces aventures que l'auteur du roman a inventées pour le plaisir, n'ont aucun rapport avec les vrais motifs qui font agir dans le monde et qui décident des affaires, ni avec les mécomptes qu'on trouve dans tout ce qu'on entreprend. »

Nous voyons bien ici qu'il y a romans et romans. Ceux de La Calprenède et de Mlle de Scudéry pouvaient bien entraîner leurs jeunes lectrices dans un monde irréel et absurde ; le danger des romans contemporains est à l'opposé : c'est de les entraîner trop loin, trop bas à travers les arcanes de la nature corrompue.

Mais voilà où nous apparaît le bon côté de la condition des filles d'aujourd'hui : lancées trop tôt dans la vie, leur instinct de défense s'y développe et elles se protègent mieux elles-mêmes que n'eussent pu faire les petites romanesques et les petites désœuvrées d'autrefois, qui ne cessaient de rêver, comme l'a chanté Francis Jammes, « à ce joli sentiment que Zénaïde Fleuriot a appelé l'amour ». La vie est une éducatrice qui a de terribles moyens pour se faire écouter. Pour une jeune fille forte, peut-être vaut-il mieux très tôt la regarder en face que de s'enchanter et de se troubler dangereusement dans le vague, comme naguère. Qu'est devenue cette jeune fille de notre adolescence, celle qui s'avançait sous les tilleuls, dans une musique de Schumann ? N'est-ce pas une espèce en partie disparue ? Mais quand, par hasard, nous rencontrons l'une d'elles, qu'elle nous paraît précieuse ! Que son charme demeure puissant !

※
※※

L'air du temps, je le crains, sera plus fort que nos préférences. Nous ne ressusciterons pas Clara d'Ellébeuse. Du moins, il reste aux éducateurs une consolation. Il leur reste de tirer pour eux-mêmes quelque profit de la présence des enfants sous leur toit. Combien de pères et de mères s'élèvent eux-mêmes, au sens profond du mot, à cause des yeux candides qui ne les perdent pas de vue ! Que de passions jugulées, que de sacrifices consentis, que de muettes victoires pour l'amour de ces témoins qui ne le sauront jamais ! Que de fois, dans une même créature, la femme déjà presque perdue a été tenue en échec par la mère !

Et nos enfants ne nous élèvent pas seulement. Je connais au moins un métier où ils nous apportent un extraordinaire secours : c'est celui de romancier. Je lisais, l'autre jour, ce que confiait à un journaliste un de mes plus éminents jeunes confrères, grand chef de l'école populiste, au sujet d'un écrivain qui me touche de très près et même d'aussi près que possible. Il plaignait cet écrivain de ne connaître ni d'aimer le réel et d'être condamné au dépérissement par inanition. Mais il me semble qu'un père de famille ne risque guère d'ignorer le réel. Les enfants assis autour de la table, c'est toute la vie qui est là. Nous la redécouvrons en même temps qu'eux dans ses plus humbles sollicitudes, dans ses plus sublimes espérances. Les enfants nous enracinent profondément ; il nous font vivre tout près de la terre ; ils nous obligent à entrer dans les plus petites choses. C'est pour eux que nous gardons nos terres onéreuses, nos vieilles maisons de campagne. Un père de famille est justement le seul homme auquel il soit interdit de n'être qu'un homme de lettres. Et, s'il écrit, ce ne sera pas assez d'une longue existence pour utiliser tout ce qu'il lui aura été donné d'apprendre à l'école de ses enfants.

« Maintenant, a écrit Claudel, entre moi et les hommes, il y a ceci de changé que je suis père de l'un d'entre eux.

« Celui-là ne hait point la vie qui l'a donnée. »

TABLE DES MATIÈRES

Préface — Le personnage ou
la vérité du roman............... 7
I. — Le romancier et ses personnages 29
II. — L'éducation des filles......... 81

*Achevé d'imprimer en septembre 1994
sur les presses de l'Imprimerie Bussière
à Saint-Amand (Cher)*

POCKET - 12, avenue d'Italie - 75627 Paris Cedex 13
Tél. : 44-16-05-00

— N° d'imp. 2355. —
Dépôt légal : novembre 1990.
Imprimé en France